中国公共政策执行机制研究

Research on the Mechanism of China's Public Policy Implementation

王艺潼 / 著

社会科学文献出版社
SOCIAL SCIENCES ACADEMIC PRESS (CHINA)

目　录

图表目录

第一章　导论

一　问题的提出

在现实中我们可以看到一些非常普遍且值得研究关注的现象：中央政策似乎可以在地方得到快速落实，然而落实程度与效果却千差万别。某项政策在一些地区可以实现快速有效，甚至创造性执行，成为政策执行样板；而在另一些地区却流于形式，出现执行偏差，甚至发生数据造假等异化现象。例如，同样为了整治村容村貌，落实新农村建设政策，湖南省浏阳市金塘村探索出"金塘模式"，获得国家肯定[①]；而河南省温县则因"粗暴拔苗"被官方媒体点名批评[②]。那么影响地方政府公共政策执行绩效的因素究竟为何？

由于中国治理规模的庞大以及社会现实的高度复杂性和异质性，决策者很难通过制定一套细致周密的政策实现对国家的有效治理。因此，为充分调动地方政府积极性，中央政府在制定政策时通常留有一定的弹性空间，使地方保有一定程度上的自主性。在行政集权、财政分权的背景下，即使面临统一的中央政策目标，地方政府公共政策执行情况也会千差万别。在中央压力与地方利益的双重作用下，地方政府既可能充分利用自身

---

① 雷玉琼、朱寅茸：《中国农村环境的自主治理路径研究——以湖南省浏阳市金塘村为例》，《学术论坛》2010 年第 8 期。

② 新京报：《为建新农村　河南温县干部教师下乡 "入户拔苗"》，http://news.cctv.com/china/20070824/100561.shtml。类似的例子还有很多，例如，某些政策试点项目得以在全国范围内推广，有些项目得以局部推广，而有些项目则夭折。参见陈宇、昌倩倩《"中国式"政策试点结果差异的影响因素研究——基于 30 个案例的多值定性比较分析》，《北京社会科学》2019 年第 6 期，第 42~52 页。

资源发挥能动性，对中央政策进行创造性执行[1]；也可能囿于利益、时间、环境的压力，在政策执行过程中逐渐偏离中央政策目标[2]。一方面，在多任务环境下，地方政府会根据自身的资源禀赋做出具有能动性的选择，对注意力进行分配，换言之，如果执行主体主观意愿缺乏，即使资源禀赋较好也不必然推进政策落实；另一方面，当公共问题较为重要且紧急时，为了促进相关政策的落实，中央可能通过一系列手段控制或塑造地方政府行为[3]，在向上负责的组织特点下，地方政府则会根据压力感知对政策执行进行适切的安排，进而回应中央要求，换言之，如果执行主体感知到较为强烈的机会信号或外部压力，即使资源禀赋较差也不必然意味着政策执行不力。

本书的困惑为：既然同样的中央政府政策不必然伴随着地方政府政策执行的有效性，那么在政策执行过程中，究竟是执行主体所掌握的资源禀赋，还是执行主体所处的组织与社会环境更能影响地方政府的政策执行力？如果政策高效执行是由多因素共同作用的结果，那么这些因素之间的联动机制为何？

二　文献综述

几十年来，国内外学者对中国公共政策执行的研究表现出极强的好奇心与热情，形成了非常丰富的研究成果。为了探究中国公共政策高效执行的实现机制，本书将从中国公共政策执行策略及中国公共政策执行绩效影

---

[1] 赵慧：《中国社会政策创新及扩散：以养老保险政策为例》，《国家行政学院学报》2013年第6期；朱亚鹏、肖棣文：《政策企业家与社会政策创新》，《社会学研究》2014年第3期；章高荣：《高风险弱激励型政策创新扩散机制研究——以省级政府社会组织双重管理体制改革为例》，《公共管理学报》2017年第4期。

[2] Kevin J. O'Brien and Lian J. Li, "Selective Policy Implementation in Rural China", *Comparative Politics* 31, No. 2 (1999): 167-186；丁煌、定明捷：《"上有政策、下有对策"——案例分析与博弈启示》，《武汉大学学报》(哲学社会科学版) 2004年第6期；李瑞昌：《中国公共政策实施中的"政策空传"现象研究》，《公共行政评论》2012年第3期；姚荣：《府际关系视角下我国基层政府环境政策的执行异化——基于江苏省S镇的实证研究》，《经济体制改革》2013年第4期。

[3] Sebastian Heilmann, Lea Shih and Andreas Hofem, "National Planning and Local Technology Zones: Experimental Governance in China's Torch Programme", *The China Quarterly* 216 (2013): 896-919; Ci Q. Mei and Margaret M. Pearson, "Killing a Chicken to Scare the Monkeys? Deterrence Failure and Local Defiance in China", *China Journal* 72 (2014): 75-97.

响因素两方面对现有研究展开综述，并指出现有研究的不足之处。

（一）关于中国公共政策执行策略的研究

自 20 世纪 90 年代以来，学者开始对中国公共政策执行策略进行探讨。或有意或无意受马特兰德（Matland）提出的模糊-冲突模型的影响[1]，国内学者以行政性执行、象征性执行、试验性执行与政治性执行等概念来描绘和分析中国产业政策[2]、教育政策[3]、环境政策[4]、扶贫政策[5]、养老保险政策[6]、维稳政策[7]、公务员制度改革[8]、户籍制度[9]、权责清单制度[10]等领域政策执行过程中存在的偏差现象。

此外，有研究在中国"压力型体制"[11]"动员型体制"[12]"晋升锦标赛"[13]"职

---

[1] Richard E. Matland, "Synthesizing the Implementation Literature: The Ambiguity-Conflict Model of Policy Implementation", *Journal of Public Administration Research and Theory* 5, No. 2 (1995): 145-174.

[2] 殷华方、潘镇、鲁明泓：《中央—地方政府关系和政策执行力：以外资产业政策为例》，《管理世界》2007 年第 7 期。

[3] 李元、严强：《治理式执行：压力型体制视角下的地方政府政策执行——基于 A 县治理中小学大班额的分析》，《江海学刊》2016 年第 5 期。

[4] 冉冉：《中国环境政治中的政策框架特征与执行偏差》，《教学与研究》2014 年第 5 期；张继平、王恒、赵玲：《我国涉海工程环评审批政策执行偏差：象征性执行研究》，《中国行政管理》2018 年第 3 期。

[5] 王蒙：《扶贫开发与农村低保衔接的政策执行偏差及其矫正——基于复杂政策执行的"模糊—冲突"分析框架》，《中国农业大学学报》（社会科学版）2018 年第 5 期。

[6] 郭磊、周岩：《目标群体、模糊-冲突与企业职工养老保险政策执行》，《中国公共政策评论》2016 年第 2 期。

[7] 田先红、罗兴佐：《官僚组织间关系与政策的象征性执行——以重大决策社会稳定风险评估制度为讨论中心》，《江苏行政学院学报》2016 年第 5 期。

[8] Bill K. P. Chou, "Civil Service Reform in China, 1993-2001: A Case of Implementation Failure", *China: An International Journal* 2, No. 2 (2004): 210-234.

[9] 袁方成、康红军：《"张弛之间"：地方落户政策因何失效？——基于"模糊-冲突"模型的理解》，《中国行政管理》2018 年第 1 期。

[10] 徐刚、杨雪非：《区（县）政府权责清单制度象征性执行的悖向逻辑分析：以 A 市 Y 区为例》，《公共行政评论》2017 年第 4 期。

[11] 荣敬本：《"压力型体制"研究的回顾》，《经济社会体制比较》2013 年第 6 期。

[12] 荀丽丽、包智明：《政府动员型环境政策及其地方实践——关于内蒙古 S 旗生态移民的社会学分析》，《中国社会科学》2007 年第 5 期。

[13] 周黎安：《转型中的地方政府：官员激励与治理》，格致出版社、上海人民出版社，2008，第 161~207 页。

责同构"[1] 的制度背景下，提出诸如"选择性执行"[2] "政策变通"[3] "上有政策、下有对策"[4] "政策执行'中梗阻'"[5] "基层共谋"[6] "执行软约束"[7] "政策空传"[8] 等概念，试图描绘中国公共政策执行中的特殊图景。

对于上述政策执行策略的后果，部分研究强调政策执行偏差会导致政策失效。如在政策"自上而下"传递过程中，政策文本没有转化为具体的行动，进而导致政策目标完成度较低[9]；执行主体基于自身利益考虑，被动、消极甚至阻挠政策执行，造成政策目标难以实现[10]；在农村低保政策上的变通造成实际保障线出现浮动，虽然在客观上形成了对政策规定的较低理论标准线的"代偿"，但损害了政策权威[11]。另有部分研究则侧重关注政策执行偏差对政策效果的积极影响。通过分析 20 世纪 80 年代中国农村去集体化改革进程中安徽省、山东省和黑龙江省采取的行动，Chung 将地方政府行为分为先锋者（pioneer）、跟风者（bandwagoner）和抵抗者（resister）三类，其中，作为先锋者的安徽省创造性地实施了"包产到户"政策，揭开了中国农村改革的序幕。[12] 此外，庄垂生将"政策变通"分为歪曲性政策变

① 朱光磊、张志红：《"职责同构"批判》，《北京大学学报》（哲学社会科学版）2005 年第 1 期。

② Kevin J. O'Brien and Lian J. Li, "Selective Policy Implementation in Rural China", *Comparative Politics* 31, No. 2 (1999): 167-186.

③ 庄垂生：《政策变通的理论：概念、问题与分析框架》，《理论探讨》2000 年第 6 期。

④ 丁煌、定明捷：《"上有政策、下有对策"——案例分析与博弈启示》，《武汉大学学报》（哲学社会科学版）2004 年第 6 期。

⑤ 钱再见、金太军：《公共政策执行主体与公共政策执行"中梗阻"现象》，《中国行政管理》2002 年第 2 期。

⑥ 周雪光：《基层政府间的"共谋现象"——一个政府行为的制度逻辑》，《社会学研究》2008 年第 6 期。

⑦ 陈玲、薛澜：《"执行软约束"是如何产生的——揭开中国核电谜局背后的政策博弈》，《国际经济评论》2011 年第 2 期。

⑧ 李瑞昌：《中国公共政策实施中的"政策空传"现象研究》，《公共行政评论》2012 年第 3 期。

⑨ 李瑞昌：《中国公共政策实施中的"政策空传"现象研究》，《公共行政评论》2012 年第 3 期。

⑩ 钱再见、金太军：《公共政策执行主体与公共政策执行"中梗阻"现象》，《中国行政管理》2002 年第 2 期。

⑪ 刘圣中、王晨：《浮动的保障线：农村低保政策的变通执行》，《农村经济》2016 年第 9 期。

⑫ Jae H. Chung, *Central Control and Local Discretion in China: Leadership and Implementation during Post-Mao Decollectivization* (Oxford: Oxford University Press, 2000), pp. 6-10.

通、选择性政策变通、调整性政策变通、自定义型政策变通四类，同时强调，合理的"政策变通"体现了政策执行的灵活性，是一种对政策的渐进性调适。① 由此可见，政策执行偏差作为一个"中性概念"，并不全然意味着政策失效，也可能具有积极意义。②

综合上述文献可以看出，既有研究从多角度勾勒出中国公共政策执行的图景，大部分研究从"执行偏差"角度出发，表现出一定的批判意识；小部分研究则从"创造性执行"角度出发，强调中国公共政策执行的灵活性和特殊性。

（二）关于中国公共政策执行绩效影响因素的研究

自 20 世纪 80 年代末以来，国外学界开始关注对中国公共政策执行，特别是"执行亏空"（implementation deficit）的研究，并产生了大量中国问题研究专家③。黎安友提出的派系模型（factionalism model）④ 和邹谠提出的非正式团体（informal groups）概念⑤都认为中国政治精英间存在的冲突与合作是决定中国公共政策执行的关键因素。只不过黎安友提出的政策执行是派系斗争下利益妥协的结果，而邹谠提出的政策执行是非正式团体间为了双赢而做出的制度安排。在这种意义上，政策执行成为一种依据派系利益，并非政策目标而进行选择的策略安排。随着"文革"的结束，意识形态之争日趋淡化，经济建设重新成为政府工作的中心，派系模型的解释力也越发式微。兰普顿开启了基于政治制度分析中国公共政策执行的序幕。李侃如和兰普顿认为，政府部门仅在其职能范围内拥有实质控制权，由此形成的"碎片化权威体制"对理解中国公共政策执行具有重要意义。⑥ 李侃如和

---

① 庄垂生：《政策变通的理论：概念、问题与分析框架》，《理论探讨》2000 年第 6 期。

② 陈丽君、傅衍：《我国公共政策执行逻辑研究述评》，《北京行政学院学报》2016 年第 5 期；刘培伟：《地方"变通"：理解中国治理过程的关键词》，《浙江社会科学》2015 年第 7 期。

③ 如费正清（John K. Fairbank）、沈大伟（David Shambaugh）、大卫·兰普顿（David M. Lampton）、李侃如（Kenneth G. Lieberthal）、邹谠（Tang Tsou）等。

④ Andrew J. Nathan, "Factionalism Model for CCP Politics", *The China Quarterly* 35 (1973): 34-66.

⑤ Tang Tsou, "Prolegomenon to the Study of Informal Groups in CCP Politics", *The China Quarterly* 65 (1976): 98-114.

⑥ Kenneth G. Lieberthal and David M. Lampton, *Bureaucracy, Politics and Decision-Making in Post-Mao China* (Berkeley: University of California Press, 1992), p. 278.

奥森伯格认为，"碎片化权威体制"决定了政策的执行有赖于权威链条上不同部门达成共识与妥协，如果职能部门间的利益冲突难以调谐，常常会导致政策执行面临僵局。① 此时，政治精英，即在政策执行过程中具有核心地位的高层领导人的协调往往成为推动部门间有效合作，进而促进政策落实的至关重要的因素。② 可以看出，这部分研究偏重于从宏观角度出发对中国公共政策执行的影响因素进行分析。

随着研究的不断深入，学界对中国公共政策执行的研究也逐渐从宏观视角向中观甚至微观视角过渡。既有研究识别出影响地方政府公共政策执行力的两类约束性条件，分别为执行主体掌握的资源禀赋及其所处的组织与社会环境。

一方面，部分学者指出，地方政府处在中央政府与政策目标群体的交界面，对政策执行具有重要的影响。③ 因此，地方政府所掌握的"行动资源"是否充裕成为其能否实现政策目标的必要条件。换言之，如果地方政府缺少足够的资源供给，政策失效必然会发生。在具体的治理实践中，地方政府时常面临资源困境，这不仅限制了它们的能动范围，更影响了其政策执行的态度与行为。④

另一方面，众多学者认为，资源要通过组织所处的环境发挥作用，⑤ 如果不理解组织所处的环境，那么将很难从资源占有量这一维度理解组织的行为。因此，Hupe 和 Buffat 研究强调，政策能否有效执行的关键因素不在于资源供给是否充裕，而在于资源供给与地方政府工作量是否合理匹配。⑥

---

① Kenneth G. Lieberthal and Michel Oksenberg, *Policy Making in China: Leaders, Structures, and Process* (Princeton: Princeton University Press, 1988), pp. 22–27.

② Robert A. Scalapino, *Elites in the People's Republic of China* (Seattle: University of Washington Press, 1962), p. 16.

③ Evelyn Z. Brodkin, "Policy Work: Street-Level Organizations under New Managerialism", *Journal of Public Administration Research & Theory* 21, No. suppl 2 (2011): i253–i277.

④ Lars Tummers, Brenda Vermeeren, Bram Steijn and Victor Bekkers, "Public Professionals and Policy Implementation: Conceptualizing and Measuring Three Types of Role Conflicts", *Public Management Review* 14, No. 8 (2012): 1041–1059.

⑤ Eva Thomann, "Is Output Performance All about the Resources? A Fuzzy-Set Qualitative Comparative Analysis of Street-Level Bureaucrats in Switzerland", *Public Administration* 93, No. 1 (2015): 177–194.

⑥ Peter Hupe and Aurelien Buffat, "A Public Service Gap: Capturing Contexts in a Comparative Approach of Street-Level Bureaucracy", *Public Management Review* 16, No. 4 (2014): 548–569.

托曼（Thomann）指出，当面临角色冲突或竞争性需求时，即使拥有充裕的资源，地方政府也会出现"政策疏离"行为，使政策难以有效落实；反之，在与中央政府、社会公众及政策相关者的互动中，如果地方政府形成了强烈的职业责任感（professional accountability），那么即使资源匮乏，其也会积极促进政策落实。① 国内众多研究也关注了地方政府在特定政治生态中的能动性及自由裁量权对政策执行绩效的影响。② 通过对小学撤并过程的案例研究，江凤娟指出，基层官员面临"自主与控制""回应与标准"等困境。③ 葛大汇同样指出了基层官员面临的执行困境，但他认为基层官员具有的自由裁量权在推动农村义务教育发展上具有积极的作用。④ 翁士洪对小岗村土地流转政策的执行偏差进行了分析，结果表明，街道层官僚处在资源稀缺与公共服务弹性需求的张力之中，而他们掌握的信息、所处的地位使其具有较强的政策再制定能力，会导致权威分配过程中出现差异。⑤

可见，地方政府的自由裁量权受到包括资源、环境在内的众多因素的引导、限制与约束。⑥ 在这一共识的基础上，众多学者对影响中国地方政府公共政策执行绩效的环境因素进行了分析。关于中国地方政府公共政策执行绩效影响因素的研究也表现出从单一化向结构化、从科层化向多元化过渡的特点。⑦ 具体而言，环境因素大致包括三个维度：有限分权理论下的央地博弈、组织理论下的部门协同与国家-社会关系理论下的多元互动。

---

① Eva Thomann, "Is Output Performance All about the Resources? A Fuzzy-Set Qualitative Comparative Analysis of Street-Level Bureaucrats in Switzerland", *Public Administration* 93, No. 1 (2015): 177-194.

② 王家峰：《作为设计的政策执行——执行风格理论》，《中国行政管理》2009 年第 5 期；丁煌、汪霞：《"关系运作"对地方政府政策执行力的影响及思考》，《新视野》2012 年第 6 期；胡业飞、崔杨杨：《模糊政策的政策执行研究——以中国社会化养老政策为例》，《公共管理学报》2015 年第 2 期。

③ 江凤娟：《教育政策执行中基层官员的决策困境——X 省 A 小学撤并过程的案例研究》，《教育学术月刊》2010 年第 11 期。

④ 葛大汇：《政策执行中的地方决策与变异——安徽农村义务教育经费现状调查之一》，《教育理论与实践》2006 年第 9 期。

⑤ 翁士洪：《农村土地流转政策的执行偏差——对小岗村的实证分析》，《公共管理学报》2012 年第 1 期。

⑥ Hupe Peter and Hill Michael, "Street-Level Bureaucracy and Public Accountability", *Public Administration* 85, No. 2 (2007): 85-102.

⑦ 王亚华：《中国用水户协会改革：政策执行视角的审视》，《管理世界》2013 年第 6 期。

1. 有限分权理论下的央地博弈

央地关系是中国公共政策执行分析中的一个重要维度。在央地关系上学者们普遍确立了有限分权的共识，央地基于各自利益而形成互动博弈成为一种广为接纳的理论假设。在央地博弈维度下，学者提出了多种影响地方是否选择贯彻中央政策的解释变量。从经济学激励理论出发，陈玲等认为，地方仅在面临政治和经济双重激励时才会选择"实动"，即积极执行中央的产业政策，其余情况则选择"暗动""伪动""缓动"。① 运用博弈分析的周国雄认为，央地博弈中的规则不完善导致"上有政策、下有对策"的"执行主观偏差"，并据此提出完善相关制度的建议。② 此外，基于政策类型视角的学者还发现了政策特性对政策执行的影响。基于洛伊（Lowi）的政策分类框架，魏姝指出分配政策执行的关键变量在于政策设计；构成性政策在于府际和部门间的沟通与协调；规制政策在于对寻租的控制程度；再分配政策执行在于多主体间的利益博弈。③ 另有学者在社会化养老④、拉闸限电⑤、垃圾分类⑥等多个政策领域运用马特兰德的模糊-冲突模型解释地方政府缘何频频出现"象征性执行"或"变通性执行"，并将其归因于政策模糊或政策冲突。最后，部分研究以理论综合的方式提出新的结构性变量。以住房保障政策为例，杨宏山提出政策路径和激励水平共同决定了地方的执行策略。⑦ 通过对林改政策的落地过程进行分析，贺东航和孔繁斌将中央高位推动的政策现象加以学理化，提出"政治势能"与激励机制双强配合

---

① 陈玲、林泽梁、薛澜：《双重激励下地方政府发展新兴产业的动机与策略研究》，《经济理论与经济管理》2010 年第 9 期。
② 周国雄：《地方政府政策执行主观偏差行为的博弈分析》，《社会科学》2007 年第 8 期。
③ 魏姝：《政策类型与政策执行：基于多案例比较的实证研究》，《南京社会科学》2012 年第 5 期。
④ 胡业飞、崔杨杨：《模糊政策的政策执行研究——以中国社会化养老政策为例》，《公共管理学报》2015 年第 2 期。
⑤ 竺乾威：《地方政府的政策执行行为分析：以"拉闸限电"为例》，《西安交通大学学报》（社会科学版）2012 年第 2 期。
⑥ 吴进进：《城市生活垃圾分类政策执行——基于"模糊—冲突"模型的研究》，《吉林广播电视大学学报》2012 年第 5 期。
⑦ 杨宏山：《政策执行的路径—激励分析框架：以住房保障政策为例》，《政治学研究》2014 年第 1 期。

是实现"政策变现"的关键。[①]

2. 组织理论下的部门协同

政策执行往往涉及多个不同职能部门间的横向协同和纵向协同，众多研究揭示了中国公共政策执行过程中存在的协调困境，并认为与政策制定中的协同相比，执行过程中的协同更值得关注。[②] 部门间能实现有效协同对提高地方政府公共政策执行绩效至关重要。在中国复杂的条块关系中，大部分职能部门事实上要接受来自上级业务部门和同级党委政府的双重领导，一项政策实际的执行绩效与条块的冲突、协调紧密相关。在横向协同的层次上，科层结构分化产生的部门利益冲突程度能够影响政策执行效果。陈家建等通过分析妇女小额贷款政策执行过程发现，妇联、财政、金融部门、银行机构四个相关执行部门存在目标、激励和约束上的差异，最终导致政策执行背离设计初衷。[③] 在纵向协同的层次上，常态治理和运动式治理两种不同的条块模式导致了不同的政策执行效果。刘骥和熊彩研究发现，常态治理时期的政策执行是"条条求着块块做"，即执行部门只能调动自身资源来完成日常工作。而运动式治理时期的政策执行则是"块块带着条条做"，即党委和政府在强大政治激励下推动各部门合力完成上级指标。就执行效果而言，运动式治理模式克服了常态治理模式下的执行障碍，更容易发生政策变通。[④] 练宏进一步提出，在条块体系中同级党委、政府、职能部门的权威呈现三元差序格局，党委牵头的工作模式效果最好、政府次之、职能部门最差。只有通过"戴帽竞争注意力"争取到党委的支持，职能部门才能有效推动政策向下执行。[⑤] 最后，学者们还对条块结构中广泛存在的非正式关系运作给予关注，并对此做出了正反两面的不同评价：肯定论者认为非正式关系运作加强了执行部门内部整合，使政策执行过程遭遇的刚性阻

① 贺东航、孔繁斌：《中国公共政策执行中的政治势能——基于近 20 年农村林改政策的分析》，《中国社会科学》2019 年第 4 期。

② 周志忍、蒋敏娟：《中国政府跨部门协同机制探析——一个叙事与诊断框架》，《公共行政评论》2013 年第 1 期。

③ 陈家建、边慧敏、邓湘树：《科层结构与政策执行》，《社会学研究》2013 年第 6 期。

④ 刘骥、熊彩：《解释政策变通：运动式治理中的条块关系》，《公共行政评论》2015 年第 6 期。

⑤ 练宏：《注意力竞争——基于参与观察与多案例的组织学分析》，《社会学研究》2016 年第 4 期。

力更小①；否定论者则认为非正式关系运作与正式组织的冲突致使政策执行走样②。需要说明的是，目前关于非正式关系运作的研究仅停留在规范性陈述上，还难以实现理论与实证层面上的突破。

3. 国家-社会关系理论下的多元互动

传统的执行研究主要关心政府内部的执行主体互动，随着国家与社会关系的变迁及公共治理的网络范式出现，执行研究开始将政府外部的社会行动者纳入分析当中。运用政策网络分析方法，学者们建构关于房价宏观调控政策③、社区矫正政策④、异地高考政策⑤、环保政策⑥等多项政策的，包括党政人员、专家学者、利益群体、传播媒介等多元行动者的执行网络⑦。研究认为，执行网络的结构特征及网络内主体的多元互动共同决定了政策执行效果。从当前的实证案例来看，尽管政策执行网络在一定程度上包含了非政府行为者，但是，除非与政府合作，否则这些行为者的作用十分有限。正如学者所言，当前治理网络的扩展方向是在政府内部而不是政府外部，即治理网络中的关键行动者依然是国家权威机关。⑧

（三）现有研究的不足之处

诚然，国内外学界对中国公共政策执行的研究成果颇丰，但是，西方对中国公共政策执行的理解难以摆脱体制因素的束缚。大部分研究侧重以

---

① 丁煌、汪霞：《"关系运作"对地方政府政策执行力的影响及思考》，《新视野》2012 年第 6 期。

② 朱玉知：《内嵌于社会关系网络中的政策执行——对"政策执行悖论"的一种理论阐释》，《学习与探索》2012 年第 8 期。

③ 丁煌、杨代福：《政策网络、博弈与政策执行：以我国房价宏观调控政策为例》，《学海》2008 年第 6 期。

④ 魏姝：《治理视角下的社区矫正政策——以 N 市社区矫正政策为例》，《江苏行政学院学报》2008 年第 1 期。

⑤ 姚松：《异地高考政策运行特征、前景及出路：政策网络理论的视角》，《江苏高教》2013 年第 4 期。

⑥ 冯贵霞：《"共识互动式"环保政策执行网络的形成——以环保约谈制为例》，《东岳论丛》2016 年第 4 期。

⑦ 王春福：《政府执行力与政策网络的运行机制》，《政治学研究》2008 年第 3 期。

⑧ 魏姝：《治理视角下的社区矫正政策——以 N 市社区矫正政策为例》，《江苏行政学院学报》2008 年第 1 期。

重大历史事件为节点对中国公共政策执行进行"雾里看花"式的事后解释①，使得中国公共政策执行逻辑被割裂成不具连贯性的片段，本质上反映了研究在历史性方面的缺失。国内学者对西方理论框架的借用，以及基于国内经验的主体性研究，在试图对中国公共政策执行差异进行分析时，也都或多或少存在解释力不足的问题。

首先，单因素解释造成关键机制识别困境。通过既有文献可以看出，当前大部分研究承认资源要素需要通过组织所处的环境要素对政策执行绩效发挥作用，并分析了中央政府、科层制内部与社会环境在治理实践中对地方政府公共政策执行绩效的影响。但现有研究仅仅讨论了不同环境要素对地方政府行为的影响，在一定程度上忽视了对不同环境要素之间协同关系的研究，即在哪些环境要素的组合下资源条件会影响地方政府公共政策执行绩效？哪些环境条件的互动可以弥补资源匮乏对地方政府公共政策执行的影响？马特兰德曾指出，一篇包含 300 个变量的文献不需要再添加变量，它需要的是作用机制。② 诚然，既有关于地方政府公共政策执行绩效影响因素的研究为我们理解中国公共政策执行提供了多元且至关重要的视角，不同视角内部的理论也在不断深化，甚至在一定程度上走向了融合。然而，从整体论视角来看，既有研究存在碎片化问题，且这种趋势存在日益明显的倾向。随着研究的丰富，我们可以发现某些变量在某一政策执行过程中发挥了积极作用，而在另一领域的政策执行过程中却作用相反。举例而言，部分学者认为高激励可以有效促进某类政策响应与落实③，而另一部分学者指出高激励会造成某类政策执行扭曲④。虽然二者均证明了激励对政策执行的重要性，但充满矛盾性的结论对于增进我们对复杂现实的理解并无过多

① 薛澜、陈玲：《中国公共政策过程的研究：西方学者的视角及其启示》，《中国行政管理》2005 年第 7 期。

② Richard E. Matland, "Synthesizing the Implementation Literature: The Ambiguity-Conflict Model of Policy Implementation", *Journal of Public Administration Research and Theory* 5, No. 2（1995）: 145-174.

③ 竺乾威：《地方政府的政策执行行为分析：以"拉闸限电"为例》，《西安交通大学学报》（社会科学版）2012 年第 2 期。

④ 袁凯华、李后建：《官员特征、激励错配与政府规制行为扭曲——来自中国城市拉闸限电的实证分析》，《公共行政评论》2015 年第 6 期；倪星、原超：《地方政府的运动式治理是如何走向"常规化"的？——基于 S 市市监局"清无"专项行动的分析》，《公共行政评论》2014 年第 2 期。

益处。可见，不同领域的政策执行过程都有其自己的作用机制，甚至不同学者对同一领域政策执行影响因素的分析也得出了不同的结论。每个因素从内部看上去都逻辑完整，但密不透风——不同要素之间似乎彼此平行且难以进行对话与调和。① 虽然研究得出的每种要素都有一定的解释力，但不能解释为什么某个要素在这个领域表现出关键作用，却在另一个领域没有产生影响。诚然，这极大地丰富了人们对于地方政府公共政策执行的了解，然而，难以系统化的知识越是丰富，人们对复杂政策执行过程的理解可能越发破碎，"去体系化"的研究使各种要素难以统合，甚至造就了一个"只长知识不长智慧的年代"②，导致知识的边际收益递减。简言之，政策执行研究缺乏理论之间的碰撞与对话，不再强调研究的全局性和系统性，使得知识的生产力不断下降，政策科学长期存在的理论与现实之间的张力进一步被放大。正如奥图尔所言，在遇到紧急情况时，如果政策决策者试图从学术研究成果中寻求解决问题的切实可行的政策建议，在面对这一系列"纷繁复杂"却"彼此互斥"的研究时，他们会得到怎样的启示？③ 由此可见，任何"关键性因素"都必须通过"特定机制"转化为实际的政策执行效能，而对于"特定机制"的追问与探索便也成为研究不可回避的重要环节。

其次，描述性概念的重复生产造成知识增长瓶颈。随着中国公共政策执行研究的展开，越来越多的学者参与到找寻政策执行"新现象"的竞赛中，即通过描述单一的政策执行过程，揭示政策执行过程中存在的现象或策略。然而，当前大部分研究仅仅对一系列"偏差"现象进行描述，却未能明确阐释对"偏差"的判断标准，似乎"偏差"已经成为一个不言而喻的事实，而非需要清晰界定的概念。同时，这些政策执行现象或执行策略会引致何种执行结果仍然存在未知。举例而言，2002 年丁煌发表的《我国现阶段政策执行阻滞及其防治对策的制度分析》可以被视为中国公共政策执行研究较有代表性和影响力的文章。④ 截至 2020 年 1 月，该文章已有 364

---

① Malcolm L. Goggin, "The 'Too Few Cases/Too Many Variables' Problem in Implementation Research", *The Western Political Quarterly* 39, No. 2（1986）：328–347.

② 赵鼎新：《时间、时间性与智慧：历史社会学的真谛》，《社会学评论》2019 年第 1 期。

③ Laurence J. O'Toole Jr., "Policy Recommendations for Multi-Actor Implementation: An Assessment of the Field", *Journal of Public Policy* 6, No. 2（1986）：181–210.

④ 丁煌：《我国现阶段政策执行阻滞及其防治对策的制度分析》，《政治学研究》2002 年第 1 期。

篇引证文献，二级引证文献多达 2966 篇。然而，仔细观察便会发现，大部分引证文献只是对丁煌提出的"政策执行阻滞"进行了概念再生产，如"执行异化""执行种瓜得豆""朝令夕改""政策梗阻""传导阻滞""象征性执行""政策执行偏差"等，而对现象的解释却无法脱离对既有理论的重复性验证，未能推动研究的进一步深入。如政策空传类似于象征性执行、自定义型政策变通类似于试验性执行、运动式执行类似于政治性执行等。描述性概念的重复生产本质上是对现象进行人为的复杂化处理，而并非直面中国的现实及其复杂性。可见，当前中国公共政策执行领域日益充斥着"新瓶装旧酒"的研究[1]，存在"去知识性"问题，也就无法促进真正的知识积累。除非寄希望于"新现象"的不断涌现，否则学术研究甚至会出现"历史的终结"。正如练宏所言，跨学科研究要保证概念的稀缺性，避免重复制造概念，多生产分析性概念才能推动研究在同一层次上的深入开展。[2]

再次，对政策执行绩效这一因变量的理解缺少动态视角。诚然，以政策执行过程为视角的研究已然超越了决策-执行的二分框架，将政策视为一种非线性过程也在很大程度上弥合了决策与执行之间的断裂。然而，无论"自上而下"、"自下而上"抑或是"综合路径"都将政策执行视为一个静态的分析对象，将政策执行隐喻为理想化的成功-失败二元变量，而忽视了政策执行绩效作为因变量的动态性，使得政策执行的程度差异未能被纳入研究中。随着对中国公共政策执行研究的深入，已有学者尝试根据政策执行"失败"程度为中国公共政策执行构建"谱系"。其中，将内容与形式上均背离原政策的歪曲性政策变通视为政策执行"失败"程度最高的一种，而将自定义型政策变通，即地方在中央政策模糊的情况下进行的自主创新视为政策执行"失败"程度最低的一种，两极之间还包括"政策梗阻""运动式执行""执行软约束""调整性政策变通"等众多仍在不断涌现的新概念。[3] 政策执行偏差程度对众多现象的整合在很大程度上意味着政策执行不再是简单通过"成功"或"失败"就可以进行界定的概念，而是一个内涵丰富、容纳不同现象的具有不确定性及动态性特征的连续谱。政策执行作

---

① 定明捷：《中国政策执行研究的回顾与反思（1987—2013）》，《甘肃行政学院学报》2014年第1期。

② 练宏：《注意力分配——基于跨学科视角的理论述评》，《社会学研究》2015年第4期。

③ 陈丽君、傅衍：《我国公共政策执行逻辑研究述评》，《北京行政学院学报》2016年第5期。

为一个实然结果，反映的是政策目标与结果之间的落差，这种落差本身便可以被理解为政策执行绩效。① 然而，当前几种视角下的政策执行研究或是在细化中国公共政策执行策略，或是将政策执行"成功"或执行"失败"中的一类作为分析对象，而没有将政策执行结果本身视为动态的因变量进行处理。

从次，对西方具有制度特性的政策执行理论进行应用表现出较强的不适与张力。近年来，虽然国内学界对西方公共政策执行的中观理论开展了层出不穷的验证及修正工作，但西方政策执行理论具有极强的制度性底色，如果将西方制度特性下的理论框架应用于中国公共政策执行的分析，会使理论与现实之间表现出极大的张力，出现时空、情境错置的问题。西方既有政策执行理论的形成是学界对西方政治制度设计下的政策过程进行充分分析的结果。如果对西方理论进行了验证，似乎便承认了中西方在政治制度设计上的相似性，而这显然有悖于现实。反之，如果承认中西方政治制度设计的差异性，那么以西方理论的"一般"、"正常"或"典范"的角度来看，政策执行偏差本不应该在中国发生。换言之，以西方理论来解释中国公共政策执行会出现名不副实的困境。因此，具有制度特性的西方理论框架在理解"中国公共政策执行"这一问题时出现解释乏力现象，而对西方制度性理论的过分依赖本质上反映了中国学术研究的主体性缺失问题。②

最后，从研究方法上看，现有研究也存在一定程度的不足。希尔和休普强调，除了单个组织及单一事件的政策执行外，其他政策执行研究都可以在一定程度上尝试运用定量分析方法。③ 然而，当前对于政策高效执行影响因素的研究以定性分析为主，定量分析较少。另外，当前关于中国公共政策执行的定性分析则以个案研究为主，缺少比较案例分析。诚然，个案研究有助于增加研究的深度，但案例选择的代表性与合理性却常常遭到质

① 由此，无论是政策创新（作为一种积极的政策执行）抑或是政策扭曲（作为一种消极的政策执行）都是政策执行谱系中的节点，反映的都是政策执行绩效。
② 邓正来：《对知识分子"契合"关系的反思与批判——关于中国社会科学自主性的再思考》，《天津社会科学》2004 年第 6 期；马骏：《中国公共行政学研究的反思：面对问题的勇气》，《中山大学学报》（社会科学版）2006 年第 3 期；马骏、刘亚平：《中国公共行政学的"身份危机"》，《中国人民大学学报》2007 年第 4 期。
③ 〔英〕迈克·希尔、〔荷〕波特·休普：《执行公共政策》，黄健荣等译，商务印书馆，2011。

疑。正如支持"高激励会促进政策响应与落实"这一论点的一方会选择相应的案例来论证他们的论断一样，质疑这一观点的学者则会挑选其他的案例来反驳他们的假设。这样就存在案例选择偏见，会遭到案例选择过于主观而缺少有效性与代表性的质疑。

三　研究设计、方法及结构安排

综合既有研究，本书认为，政策高效执行一方面需要地方政府掌握多重条件作为基础；另一方面鉴于公共治理的复杂性，作为一种潜在的能力，任何条件都不必然带来国家治理与政策执行的有效性。只有通过多重条件之间的联动与适配才能激发出更多的活力，进而实现潜在治理能力向显性治理效能的转化。因此，对多重条件之间联动机制的探索成为回答本书核心问题的关键。鉴于现有关于中国公共政策执行的研究在一定程度上存在主体性、动态性、知识性及整体性困境，本书将首先对地方政府公共政策执行绩效进行比较衡量，基于既有研究成果，结合中国公共政策执行的实际场景，从执行主体所掌握的资源要素（即基础性要素）及其所处的环境要素两个角度出发，尝试构建一个包括资源条件、组织条件、社会条件在内的整合性分析框架，并在此框架下对影响中国公共政策执行绩效的机制进行探讨。

需要强调的是，在整体论视角下，资源条件、组织条件和社会条件对地方政府公共政策执行绩效的影响并非相互独立，而是通过协同联动的方式发挥作用。换言之，三类条件既可能通过适配合作相互促进，又可能通过替代效应相互削弱。鉴于因果机制的复杂性，本书选择模糊集定性比较分析方法作为研究的核心方法，试图探讨执行主体所掌握的财政与关系资源及执行主体所处的组织与社会环境这三重条件究竟如何通过相互间的协同联动来影响地方政府公共政策执行绩效。

（一）研究设计

为了回答究竟是执行主体所掌握的资源要素，还是执行主体所处的环境要素更能促进地方政府公共政策执行绩效提高这一问题，进而探究多重条件相互间的协同联动机制，本书制定的研究设计框架如图1.1所示。

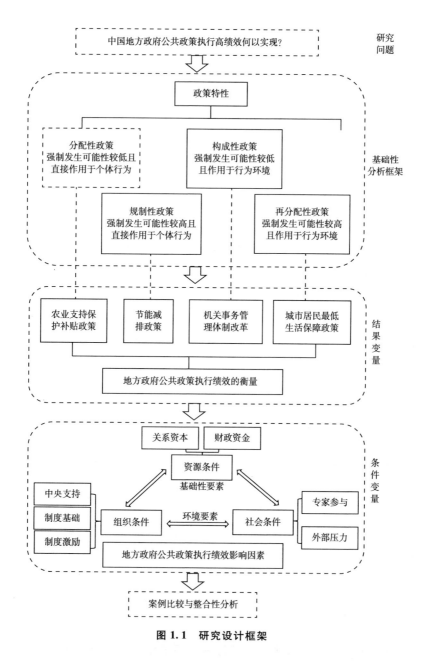

图 1.1　研究设计框架

1. 地方政府公共政策执行绩效的衡量

为探究中国地方政府公共政策高效执行的实现机制，本书将地方政府

16

公共政策执行绩效视为一个相对性概念。具体而言，由于公共政策执行绩效不能理想化地以执行"成功"或执行"失败"划分，因此，本书将政策执行绩效视为一个连续的谱系，根据中央政策文本具体内容对政策预期目标进行确认，以事实标准为判断依据，衡量中国 30 个省（区、市）① 对不同类型中央政策的落实程度，以此确认政策执行绩效地方差异的存在，确立地方政府公共政策执行绩效的连续谱，并将此作为研究的结果变量。

2. 公共政策类型的划分

既有研究指出，政策特性对政策执行具有显著影响。② 同时，对政策进行分类也是研究从描述性向解释性转化的重要起点。③ 因此，为了研究的进一步展开，本书首先选择洛伊的政策类型理论作为基础性分析框架，根据"强制发生的可能性"与"强制发生作用的途径"两个维度将公共政策分为强制发生可能性较低且直接作用于个体行为的分配性政策、强制发生可能性较低且作用于行为环境的构成性政策、强制发生可能性较高且直接作用于个体行为的规制性政策，以及强制发生可能性较高且作用于行为环境的再分配性政策四类④，并分别选择农业支持保护补贴政策、机关事务管理体制改革、节能减排政策，以及城市居民最低生活保障政策作为代表案例。

3. 影响地方政府公共政策执行绩效的因素

基于政策类型的划分，本书将进一步对影响地方政府公共政策执行绩效的因素与机制进行分析。诚然，既有研究为我们理解公共政策执行提供了重要且多元的视角，但当前研究表现出一定的还原论取向，将影响公共政策执行的因素抽象成单一的解释变量。虽然对每个原子的研究都是我们理解复杂世界的基础，但我们经常会发现，随着复杂世界不确定性的增强，突发事件常常会超出政策理论研究者的解释范围，形成新的知识门槛，甚至为理论带来"致命性"打击：二战的爆发使欧洲乐观的和平主义神话破灭；奉现实主义为圭臬的学者在苏联解体时集体失语；2008 年全球金融危

---

① 由于有些案例中相关数据资料不可获得，样本中不包括西藏自治区及港澳台地区。

② 魏姝：《政策类型与政策执行：基于多案例比较的实证研究》，《南京社会科学》2012 年第 5 期。

③ Lowi J. Theodore, "Four Systems of Policy, Politics and Choice", *Public Administration Review* 32, No. 4 (1972): 298–310.

④ 除构成性政策外，其他三类政策在不同文献中名称略有差异，比如分配政策、分配型政策，规制政策，再分配政策、再分配型政策，等等。

机的发生也使传统经济学理论陷入解释力危机。鉴于政策执行绩效影响机制的复杂性与不确定性,用单一视角对影响中国公共政策执行绩效的因素进行分析时存在解释乏力的问题。由此,本书目的不在于探寻用以解释影响中国公共政策执行绩效的新变量,而是以整体论为研究的基本取向,分析执行主体所掌握的财政与关系资源及其所处的组织及社会环境这三重条件究竟如何通过相互间的协同联动来影响地方政府公共政策执行绩效。

结合既有研究可以发现,地方政府公共政策执行绩效一方面受到执行主体可调动资源多寡的影响,另一方面受到执行主体所处的组织与社会环境因素制约。因此,本书从执行主体所掌握的资源要素及其所处的环境要素两个角度出发,尝试构建一个包括资源条件、组织条件、社会条件在内的整合性分析框架。其中,资源条件包括财政资金与关系资本2个二级条件,分别指特定领域政策在当地政府财政预算支出水平及执行主体一把手具有的关系网络资源;组织条件包括中央支持、制度基础、制度激励3个二级条件,分别指特定领域政策受中央政府的支持程度及其在同级组织中的制度水平;社会条件包括专家参与及外部压力2个二级条件,分别指具有知识性的专家参与特定领域政策执行的程度及特定领域政策受到公众及媒体监督的压力。

需要指出的是,在上述资源、组织、社会三类条件中,资源条件为政策执行高绩效的实现提供基础性保障,是执行主体具有的潜在能力,而这种潜在能力是否能有效转化为显性的治理效能则受制于执行主体所处的组织条件及社会条件。可见,资源要素与环境要素对地方政府公共政策执行绩效的影响并非相互独立,不同条件会通过协同联动的方式发挥作用。换言之,不同条件既可能通过适配合作相互促进,又可能通过替代效应相互削弱。鉴于地方政府公共政策执行绩效影响机制的复杂性,本书还将对执行主体所掌握的资源条件及执行主体所处的组织条件及社会条件这三重条件究竟如何通过相互间的协同联动来影响地方政府公共政策执行绩效进行深入探讨。

(二)研究方法

本书主要运用实证主义方法来对研究问题进行探讨。实证主义方法主要基于以下四个基本假定:"第一,科学是一个整体;第二,事实与价值是有区别的，事实是中性的；第三，社会领域像自然界一样也具有规律性；第四，确定陈述是真的方式，依赖于事实的检验。"[①] 具体而言，如何促进三种视角下政策执行研究的对话与整合，克服单案例研究带来的广度有限问题，成为推进政策执行理论发展的关键所在，更成为弥合理论与现实鸿沟的可能路径。

1. 定性比较分析方法

鉴于公共政策执行绩效影响机制的复杂性，本书将采用组态视角探究执行主体所掌握的资源条件、执行主体所处的组织条件及社会条件这三重条件究竟如何通过相互间的协同联动来影响地方政府公共政策执行绩效。随着社会科学研究的逐步深入，学界对研究方法的争论也愈演愈烈。部分学者对量化研究持较为积极的态度，在肯定量化研究的同时，他们更鼓励进一步深入扩展量化研究方法的使用。[②] 与上述对量化研究持积极态度相伴而行的是，学界对社会科学领域日益充斥着的量化研究发出反思甚至质疑的声音。贺雪峰认为，在从人文科学向社会科学转型的过程中，国内大量研究直接追求量化指标甚至过度陷入量化误区，这在某种程度上不利于我们理解中国经验的世界意义。[③] 西方社会科学以量化研究为主是根植于西方现代社会的均质性特点，而中国社会是高度反均质性的，因此更适合采用质性研究。[④] 需要强调的是，量化研究诉诸数量、质性研究诉诸语义，但两者都是为讲故事服务，故事的大纲才是影响故事质量的核心。量化研究的价值在于它试图通过统计学检验在具有复杂性、多样性的现实世界中寻找共同性。诚然，这种抽象在很大程度上简化了结构和情境，但具有理论激情的简化并不会妨碍质性研究对于现实世界特殊性与个体能动性的发现。两者的结合与比较有利于"悖论"的不断出现，也才会真正促进新阐释、新理论的生成与发展。正如西克莱斯特和斯达尼指出，当前量化研究与质性研究的差异被过度夸大，应采取多元主义态度看待两种研究方法，寻找

① 李少军：《国际关系学研究方法》，中国社会科学出版社，2008，第93页。
② 谢俊贵：《关于社会现象定量研究的简要评析》，《湖南师范大学社会科学学报》2000年第4期；李水金：《公共行政研究方法探讨》，《理论探索》2009年第2期。
③ 贺雪峰：《社会科学研究应进入中国经验》，《社会科学报》2009年8月20日。
④ 应星：《质性研究的方法论再反思》，《广西民族大学学报》（哲学社会科学版）2016年第4期。

两者的共容性，以为社会问题提供更有效的解决方案。[1] 既有政策执行研究存在的"去知识性"及"去体系化"问题本质上反映了研究的深度与广度尚未调谐的矛盾。在这一背景下，为弥补现有研究的不足和促进不同视角下执行研究的整合，本书采用定性比较分析方法（Qualitative Comparative Analysis，QCA）对影响中国公共政策执行绩效的机制进行分析。

随着 20 世纪 40 年代系统科学的创立，科学研究的范式逐渐从还原论向整体论转化。[2] 在这种思潮下，社会学家拉金（Ragin）于 1987 年发展了定性比较分析方法（QCA）。作为超越定量研究和定性研究方法的"第三条道路"，定性比较分析方法是对定量研究与定性研究进行反思的产物。里豪克斯和拉金认为，定量研究重广度、轻深度与定性研究重深度、轻广度的特点在很大程度上是可以互补与融合的。[3] 在确定结果变量的基础上，定性比较分析方法通常选择 10~100 个案例建立案例库，并将每个案例都视为一系列条件构成的复杂组合（configurations），结合布尔代数和集合论，通过跨案例比较，探寻众多案例存在的"多重并发的复杂因果关系"。[4] 通过对既有文献的梳理可以看出，影响政策执行绩效的变量是多重并发、动态交互的，不同变量之间既可能存在互斥关系，也可能相互补充。因此，定性比较分析方法成为弥补现有研究不足、推动研究进一步展开的适切方法。

定性比较分析主要包括清晰集定性比较分析（csQCA）、模糊集定性比较分析（fsQCA）、多值定性比较分析（mvQCA）和时间序列定性比较分析（tsQCA）四种分析技术。基于研究需要，为避免清晰集定性比较分析方法对变量进行二分时造成的数据转变过程中的信息损失，本书选择模糊集定性比较分析（fsQCA）作为研究方法，[5] 将政策执行视为一个连续谱，识别

[1] Lee Sechrest and Souraya Sidani, "Quantitative and Qualitative Method: Is There an Alternative?", *Evaluation and Program Planning* 18 (1995): 77-87.
[2] 李曙华：《当代科学的规范转换——从还原论到生成整体论》，《哲学研究》2006 年第11期。
[3] 〔比〕伯努瓦·里豪克斯、〔美〕查尔斯·C.拉金编著《QCA 设计原理与应用：超越定性与定量研究的新方法》，杜运周、李永发等译，机械工业出版社，2017。
[4] Benoit Rihoux, "Bridging the Gap between the Qualitative and Quantitative Worlds? A Retrospective and Prospective View on Qualitative Comparative Analysis", *Field Methods* 15, No. 4 (2003): 351-365.
[5] 为了克服清晰集定性比较分析将所有变量视为二分变量的缺陷，拉金（Ragin）发展了以模糊集为基础的定性比较分析。模糊集定性比较分析方法用模糊集数值来表示结果变量和条件变量的程度，赋值可以是 0 和 1 之间的任何数值。

并提取既有研究各视角取得共识的关键解释变量，试图促进不同理论的对话与整合，对影响结果变量（政策执行绩效）的条件组合进行探析，进而提出理解中国公共政策执行绩效的探索性分析框架。

2. **案例研究法**

罗伯特·K. 殷指出，案例研究是对特定时空环境下的现象进行考察的经验性研究方法。其中，单案例研究可以确认理论或对某一理论形成挑战，而多案例研究则包括案例内分析和交叉案例对比两部分。[①] 为了对影响中国公共政策执行绩效的机制进行探究，本书主要采用了多案例研究法。根据洛伊对政策类型的划分，本书考虑案例的典型性、资料的可及性、执行结果的可确定性，选取 2012 年以来的机关事务管理体制改革，观察强制发生可能性较低且作用于行为环境的构成性政策的执行过程，探索构成性政策执行的关键变量与机制；选取"十三五"期间节能减排政策，观察强制发生可能性较高且直接作用于个体行为的规制性政策的执行过程，探索规制性政策执行的关键变量与机制；选取 2016 年实行的农业"三补合一"政策（即农业支持保护补贴政策），观察强制发生可能性较低且直接作用于个体行为的分配性政策的执行过程，探索分配性政策执行的关键变量与机制；选取 2007～2017 年城市居民最低生活保障政策，观察强制发生可能性较高且作用于行为环境的再分配性政策的执行过程，探索再分配性政策执行的关键变量与机制（见图 1.2）。案例选择的具体原因将在研究过程中进行详细说明。

强制发生作用的途径

	个体行为	行为环境
强制发生的可能性　低	分配性政策 案例：农业"三补合一"政策	构成性政策 案例：机关事务管理体制改革
强制发生的可能性　高	规制性政策 案例：节能减排政策	再分配性政策 案例：城市居民最低生活保障政策

图 1.2　案例选择说明

① Robert K. Yin, *Case Study Research: Design and Method* (California: Sage Publications, 1994), pp. 14-19.

需要指出的是，考虑到政策的时间性与动态性，为了研究的有效展开，本书选择某一时段内具有明显特性的政策作为案例，同时在衡量政策执行绩效时注重对政策特定属性执行结果的考察。

3. 文献研究法

基于研究问题，针对特定研究目的，收集并分析相关文献和资料是极具生命力的研究方法。文献研究法有助于研究者发现新问题、形成新视角，进而克服研究的盲目性、增强研究的说服力。[①] 本书的问题意识来源于对既有研究的批判性反思，研究的持续深入更依赖学界的既有研究和相关文献。本书参考和运用的文献和资料主要包括以下几部分：首先是国内外既有学术研究成果；其次是国家和地方政府出台的政策文件、档案、统计数据等二手资料；再次是智库报告与网络资源；最后是笔者近几年通过实地调研获得的一手资料以及由此形成的认识。

（三）结构安排

本书结构安排如下。

第一章为导论，主要介绍问题的提出，同时对现有研究成果进行梳理和分析，指出现有相关研究存在的不足之处，进而提出本书的研究设计与方法。

第二章将对研究的相关概念进行阐释，并构建研究的分析框架。在这一章，本书将以洛伊对政策类型的划分为逻辑起点，界定政策执行绩效的概念，从执行主体所掌握的资源要素及其所处的环境要素两个角度出发，尝试构建一个包括资源条件、组织条件、社会条件在内的整合性分析框架。

第三章至第六章，基于上述分析框架，将分别以关乎行政管理体制改革的机关事务管理体制改革、关乎环境保护的节能减排政策、关乎"三农"问题的农业"三补合一"政策和关乎社会救助的城市居民最低生活保障政策作为典型案例，利用模糊集定性比较分析方法探究究竟是执行主体所掌握的资源这类基础性要素，还是执行主体所处的环境要素更能促进地方政府公共政策高效执行这一问题，同时对多重条件相互间的协同联动机制进

---

① 杜晓利：《富有生命力的文献研究法》，《上海教育科研》2013 年第 10 期。

行分析。

　　第七章将对实证结果进行整合性分析，进一步挖掘地方政府高效执行公共政策的深层机制与隐性逻辑。

　　第八章为结论与反思，将对本书的研究问题及相关结论进行概述，试图对治理逻辑进行反思，并提出未来的研究方向。

第二章 相关概念阐释与分析
框架构建

为了回答究竟是执行主体所掌握的资源要素，还是执行主体所处的环境要素更能促进地方政府高效推进政策执行这一问题，本书将首先对相关重要概念进行阐释，并从执行主体所掌握的资源要素及其所处的环境要素两个角度出发，尝试构建一个包括资源条件、组织条件、社会条件在内的整合性分析框架，并对这三重条件究竟如何通过相互间的协同联动来影响地方政府公共政策执行绩效进行深入探讨。

第一节 相关概念阐释

萨巴蒂尔指出，一个"更有希望的理论性框架"需具有相对清晰的概念、可以用以检验的假设、相对广泛的适用范围。[1] 因此，在开展研究之前，有必要对一些重要概念进行清晰的界定与说明。

一 政策执行

诚然，随着国内外相关研究的不断丰富，我们对于政策执行的理解也更加深入。然而，政策执行领域没有实现清晰的概念界定，这便加大了研究判断政策执行是否发生的困难。[2] 安德森认为，政策执行是一项议案经过立法后被实施的具体过程。[3] 沙夫里茨等认为，政策执行是政府方案或指令转换为

---

① 〔美〕保罗・A. 萨巴蒂尔编《政策过程理论》，彭宗超、钟开斌等译，生活・读书・新知三联书店，2004。
② 〔美〕小约瑟夫・斯图尔特、戴维・M. 赫奇、詹姆斯・P. 莱斯特：《公共政策导论》（第三版），韩红译，中国人民大学出版社，2011。
③ 〔美〕詹姆斯・E. 安德森：《公共政策制定》（第五版），谢明等译，中国人民大学出版社，2009。

可以提供公共服务或公共产品的组织体系的全过程。① 马兹曼尼安和萨巴蒂尔指出,执行即对基本政策决定的贯彻,包括法令、重要的行政命令与法院判决等,涵盖从法令的通过、执行主体的政策输出、政策目标群体的遵从、政策实际效果的产生、执行主体对政策效果的感知,直至法令修正的全过程。② 上述研究普遍以具有启发意义的政策阶段论为基本框架对政策执行进行概念界定。与之不同,部分学者将政策执行界定为"政策期望与(被感知到的)政策结果之间发生的所有行为"。政策执行包含政府从行为意图到行为产生影响之间的全过程。③ 另有学者在理解时扩大了执行主体范围,将政策执行视为政府与社会组织或公民为实现政策目标共同采取的行动。④

考虑到政策执行的动态性与多样性,为了便于研究的展开,本书借鉴政策阶段论的相关概念,将中国公共政策执行视为对基本决定出台后的落实过程,这些基本决定不仅包括法律、法规、规章、条例等,也包括一些重要领域的改革与战略部署。

二 政策执行绩效

鉴于既有研究已经对中国公共政策执行过程展开了丰富且生动的分析,为推动研究的进一步深入,本书目的不在于对政策执行过程进行描述性分析,而是探究影响政策执行结果的因素与机制。此时,对政策执行绩效这一因变量的清晰界定便尤为重要。

政策执行绩效是政策执行主体对政策预期目标的落实程度。作为需求导向的活动,每个组织都必须对绩效进行评估。⑤ 政府公共政策绩效评估是以相对统一的标准,运用科学方法对公共政策投入产出进行测量与分析的过程。⑥ 然而,正如莱斯特和戈金所言,在政策执行相关研究中,如何衡

① 〔美〕杰伊·M. 沙夫里茨、E. W. 拉塞尔、克里斯托弗·P. 伯里克:《公共行政导论》(第五版),刘俊生等译,中国人民大学出版社,2011。
② Daniel A. Mazmanian and Paul A. Sabatier, *Implementation and Public Policy* (Glenview: Scott, Foresman, 1983), pp. 69-75.
③ Laurence J. O'Toole Jr., "Research on Policy Implementation: Assessment and Prospects", *Journal of Public Administration Research and Theory* 10, No. 2 (2000): 263-288.
④ Donald S. Van Meter and Carl E. Van Horn, "The Policy Implementation Process: A Conceptual Framework", *Administration & Society* 6, No. 4 (1975): 445-488.
⑤ 周志忍:《政府绩效管理研究:问题、责任与方向》,《中国行政管理》2006 年第 12 期。
⑥ 中国行政管理学会课题组:《政府公共政策绩效评估研究》,《中国行政管理》2013 年第 3 期。

量政策执行有效性是最难驾驭的问题。[1] 如果我们不将政策执行结果理想化地划分为成功或失败这一二分变量，而是将其视为一个连续的谱系，那么如何判断政策执行到何种程度？是以政策文件所明确的预期目标为衡量标准，还是以一般公共利益为判断尺度，抑或是以公共问题的实际解决程度为评价依据？

当前对公共政策执行效果的评估尚未形成统一的标准，大致可以分为基于事实的评估与基于价值的评估两类。

韦伯提出的"价值中立"原则对于科学研究具有重要意义。"价值中立"即我们无法通过"是什么"推断出"应当是什么"。其中，一个问题"是什么"是客观存在且能被观察的"事实"，而"应当是什么"则指人们主观上的、具有规范意义的"价值"。[2] 西蒙指出，虽然事实标准与价值标准对于政策评估都很重要，但是基于价值的评估是无法检验甚至无法定义的，因此也就无法对不同政策方案进行选择。[3] 政策评估既要有事实标准，也要基于价值判断，价值判断必须基于事实标准。[4] 受"价值中立"方法论的影响，自 20 世纪 50 年代起，包括计量经济学、系统工程学、运筹学等在内的量化方法逐渐被应用到政策评估领域。这些基于事实的评估以逻辑推理建立模型，使得政策评估结果更具科学性。通过官方统计数据或调查数据，部分学者利用双重差分模型、多元回归分析、非参数检验模型等方法评估了税费改革对农民增收的影响。[5] 曾婧婧等利用 3 年的中国工业企业数据库数据对高新技术企业认定政策的实施效果进行评估，认为与中小企业相比，该政策对大企业的影响更大。此外，高新技术企业认定政策对企业

---

[1] James P. Lester and Malcolm L. Goggin, "Back to the Future: The Rediscovery of Implementation Studies", *Policy Currents* 8, No. 3 (1998): 1-9.

[2] 〔德〕马克斯·韦伯：《韦伯作品集Ⅲ：支配社会学》，康乐、简惠美译，广西师范大学出版社，2004。

[3] 〔美〕赫伯特·西蒙：《管理行为：管理组织决策过程的研究》，杨砾等译，北京经济学院出版社，1988。

[4] 〔美〕弗兰克·费希尔：《公共政策评估》，吴爱明等译，中国人民大学出版社，2003。

[5] 周黎安、陈烨：《中国农村税费改革的政策效果：基于双重差分模型的估计》，《经济研究》2005年第 8 期；吴海涛、丁士军、李韵：《农村税费改革的效果及影响机制——基于农户面板数据的研究》，《世界经济文汇》2013 年第 1 期；徐翠萍、史清华、Holly Wang：《税费改革对农户收入增长的影响：实证与解释——以长三角 15 村跟踪观察农户为例》，《中国农村经济》2009 年第 2期；严文高、李鹏：《农村税费改革视角下的中部地区农民收入增长趋势分析——基于 Mann-Kendall 非参数检验模型》，《华中农业大学学报》（社会科学版）2013 年第 4 期。

研发投入增长的影响不显著。① 樊博和杨文婷利用 2011 年和 2015 年权威统计年鉴的数据，运用因子分析和聚类分析对中国 28 个省的大气污染防治政策绩效进行评估。② 张杰等通过模型构建对创新补贴政策进行绩效评估，结果显示，地方政府如果仅依靠中央对企业创新研发的财政补贴，不仅不会促进企业研发投入的跟进，反而会造成企业对补贴的过度依赖，进而减弱企业的创新能力。③

随着工具理性指导下的经验主义政策评估如火如荼地发展，"价值中立"方法论也日益受到学界的质疑。沃尔多指出，建立完全客观的事实标准不仅是不可行的，更是一种逃避基本价值的表现，价值而非事实才是检验政策问题是否被解决的关键所在。④ 邓恩更是毫不客气地指出，如果抛开对政策价值的观照，仅以科学性和严谨性作为标准，那所谓的政策评估终会沦为"伪评估"。⑤ 因此，对于决策科学化的追求应让位于对价值的旨归。公共政策的价值不仅应包括秩序、自由、正义、公平、效率、法治等政治学基本价值⑥，还应包括善治强调的合法性、透明性、责任性、回应性等⑦。基于价值的政策评估主要依靠制度分析、价值分析、人种志和非介入性研究等方法对政策效果进行过程追踪。莫尔率先提出公共价值概念，主张通过"战略管理三角"模型将公共价值纳入公共部门战略管理中去。⑧ 波兹曼主张以公共价值来判断公共政策与公共服务的质量及效果，并据此提出包含 7 个识别标准的

① 曾婧婧、龚启慧、王庆：《中国高新技术企业认定政策绩效评估——基于双重差分模型的实证分析》，《科技进步与对策》2019 年第 9 期。

② 樊博、杨文婷：《基于 PRS 模型的大气污染防治政策评估研究——针对 28 个省的宏观数据》，《实证社会科学》2017 年第 1 期。

③ 张杰、陈志远、杨连星、新夫：《中国创新补贴政策的绩效评估：理论与证据》，《经济研究》2015 年第 10 期。

④ Dwight Waldo, "Development of Theory of Democratic Administration", *American Political Science Review* 46, No. 1（1952）：81-103.

⑤ 〔美〕威廉·N. 邓恩：《公共政策分析导论》（第四版），谢明、伏燕、朱雪宁译，中国人民大学出版社，2011。

⑥ 杨立华：《中国公共管理学的危机与出路：恢复重建三十年后的反思》，《行政论坛》2019 年第 5 期。

⑦ 俞可平：《全球治理引论》，《马克思主义与现实》2002 年第 1 期。

⑧ Mark H. Moore, *Creating Public Value: Strategic Management in Government*（Cambridge, Massachusetts：Harvard University Press, 1995），pp. 1-20.

"公共价值失灵模型"（Public-Value Failure Model）。[1] 包国宪和刘宁以公共价值为核心构建了 PV - GPG（Public Value - Government Performance Governance）模型，基于此模型，他们对中国公立医院改革进行了绩效评估。[2] 黄振华和杨明基于全国 303 个村庄的调查问卷，对农村土地确权政策的满意度、支持度、认可度与透明度进行评估。[3] 胡涤非等通过对几所民族高等院校学生进行调研，利用利益相关者评估模式对少数民族高考录取优惠政策进行评估，结果显示，民族高校学生普遍对政策执行的满意度较低。[4] 此外，焦克源和吴俞权以公共价值为基础，通过合作性、公平性和可持续性等几个维度对甘肃省天水市甘谷县大石乡的农村专项扶贫政策绩效进行评估。[5] 胡俊波则以知晓度、满意度、难易度等五个维度对四川省农民工返乡创业扶持政策进行绩效评估。[6]

可见，基于事实的评估关注政策执行是否有效连接了政策目标与政策结果，是一种结果导向的政策评估；而基于价值的评估则偏重于以价值规范检验政策执行是否实现了对政策价值的坚守，更多关注对如满意度、公平度、透明度等层次的评估。

马特兰德指出，不同视角对"政策成功执行"具有不同的判断标准，"自上而下"视角对此的判断依据为政策目标的实现程度；"自下而上"视角则认为，政策成功执行即政策对目标群体产生了积极影响。因此，马特兰德强调，当政策目标被明确阐释时，应以政策预期目标的实现程度为衡量标准来评估政策执行绩效；若政策目标表达较为模糊，一般公共利益社

① Barry Bozeman, "Public-Value Failure: When Efficient Markets May Not Do", *Public Administration Review* 2（2002）：145-161.

② 包国宪、刘宁：《中国公立医院改革（2009-2017）：基于 PV-GPG 理论的定性政策评估》，《南京社会科学》2019 年第 2 期。

③ 黄振华、杨明：《农村土地确权政策的执行进展与绩效评估——基于全国 303 个村庄 7476 份问卷的分析》，《河南师范大学学报》（哲学社会科学版）2017 年第 1 期。

④ 胡涤非、梁江禄、陈何南：《少数民族高考录取优惠政策评估——基于相关利益者评估模式的分析》，《学术论坛》2015 年第 7 期。

⑤ 焦克源、吴俞权：《农村专项扶贫政策绩效评估体系构建与运行——以公共价值为基础的实证研究》，《农村经济》2014 年第 9 期。

⑥ 胡俊波：《农民工返乡创业扶持政策绩效评估体系：构建与应用》，《社会科学研究》2014 年第 5 期。

会价值规范则成为判断政策执行是否成功的标志。[1] 陈丽君和傅衍还尝试以偏差程度为标准，将现有研究提出的不同政策执行策略划入政策执行"失败"程度的谱系。其中，歪曲性政策变通是"失败"程度最高的政策执行，而自定义型政策变通则是"失败"程度最低的政策执行。[2] 然而，事实上，在具体的经验研究中，以政策偏差程度对政策执行绩效进行衡量非常困难。例如，我们无法客观地将某类政策执行归为"选择性执行"还是"象征性执行"，我们甚至无法判断某类政策执行是"政策创新"抑或是"政策变通"。同时，我们也无法以客观的标准对选择性执行更偏向于政策执行失败，抑或是象征性执行更偏向于政策执行失败进行判断。因此，为了避免主观识别与归类对研究结果的影响，本书将"政策执行绩效"视为一个具有"目标指向性"的客观性概念。基于既有研究较为常见的评估手段，本书首先通过研究中央政策文本对政策预期目标进行确认，以事实标准为判断依据衡量各地方政府对中央政策目标的落实程度，通过比较确立地方政府公共政策执行绩效的连续谱，进而对地方政府公共政策执行绩效高低的相对性进行确认。

三 政策特性与分类

作为执行的客体，公共政策自身的属性会对公共政策执行绩效产生重要的影响。[3] 鉴于政策执行过程的复杂性与不确定性，用单一视角对影响中国公共政策执行绩效的因素进行分析时存在解释乏力的问题，对政策的分类便成为研究从描述性向解释性转化的重要起点，也是"实现有序控制的开始"。[4]

部分学者将政策视为政治过程的产物，根据政策所涉及的具体领域对政策进行分类。戴伊将政策划分为司法、医疗、教育、经济、税收、环境、

---

[1] Richard E. Matland, "Synthesizing the Implementation Literature: The Ambiguity-Conflict Model of Policy Implementation", *Journal of Public Administration Research and Theory* 5, No. 2 (1995): 145-174.

[2] 陈丽君、傅衍:《我国公共政策执行逻辑研究述评》,《北京行政学院学报》2016 年第 5 期。

[3] 魏姝:《政策类型与政策执行:基于多案例比较的实证研究》,《南京社会科学》2012 年第 5 期。

[4] Theodore J. Lowi, "Four Systems of Policy, Politics and Choice", *Public Administration Review* 32, No. 4 (1972): 298-310.

国防、社会福利等领域。① 此外，彼得斯还讨论了能源、收入保障、卫生保健等政策。②

上述对政策类型的划分是基于政治决定政策的基本假设，即政策是政治过程的产物。洛伊认为，这一基本假设无益于我们对政治过程的深入理解，也无益于推进政策科学的发展。相反，洛伊指出，政策类型决定了政治关系。③ 不同类型的政策代表了不同的权力场域，因此有其特定的政治结构与关系。④ 基于这一判断，洛伊主张根据强制力这一最重要的政治事实，以"强制发生的可能性"及"强制发生作用的途径"两个维度对公共政策进行分类，并对不同类型政策的政治过程提出可供检验的假设。其中，强制发生可能性较低且直接作用于个体行为的为分配性政策；强制发生可能性较高且直接作用于个体行为的为规制性政策；强制发生可能性较高且作用于行为环境的为再分配性政策；强制发生可能性较低且作用于行为环境的为构成性政策。⑤ 需要强调的是，虽然洛伊并未对"强制发生的可能性"及"强制发生作用的途径"进行更为细致的定义，但对不同类型政策进行了举例说明，如补贴属于分配性政策、社会保障属于再分配性政策等（见图2.1）。

始于洛伊这一分类框架，学界对政策类型展开了丰富的研究与反思。基于对洛伊政策类型的批判，威尔逊根据政策成本与收益的集中程度构建了新的政策分类框架。其中，收益集中-成本分散的政策是一种顾客导向政治；收益集中-成本集中的政策是一种利益集团政治；收益分散-成本集中的政策是一种经济人政治；收益分散-成本分散的政策则是一种多数政治。⑥

任锋和朱旭峰以政府意识形态关注度及相关压力群体与政府联系两个

---

① 〔美〕托马斯·戴伊：《理解公共政策》，彭勃等译，华夏出版社，2004。
② 〔美〕盖依·彼得斯：《美国的公共政策——承诺与执行》（第六版），顾丽梅等译，复旦大学出版社，2008。
③ Theodore J. Lowi, "Four Systems of Policy, Politics and Choice", *Public Administration Review* 32, No. 4 (1972): 298-310.
④ Theodore J. Lowi, "American Business, Public Policy, Case Studies, and Political Theory", *World Politics* 16, No. 4 (1964): 677-715.
⑤ Theodore J. Lowi, "Four Systems of Policy, Politics and Choice", *Public Administration Review* 32, No. 4 (1972): 298-310.
⑥ James Q. Wilson, *The Politics of Regulation* (New York: Basic Books, 1980), pp. 357-394.

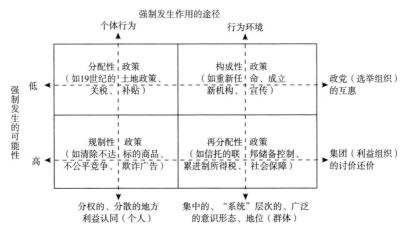

图 2.1 洛伊政策分类框架

资料来源：Theodore J. Lowi, "Four Systems of Policy, Politics and Choice", *Public Administration Review* 32, No. 4（1972）：298-310。

维度构建了分类框架。其中，政府意识形态关注度弱、相关压力群体与政府联系松散的为限制型政策，如环境政策、人口政策、公共安全政策等；政府意识形态关注度弱、相关压力群体与政府联系紧密的为分配/再分配型政策，如产业政策、财政政策、福利政策等；政府意识形态关注度强、相关压力群体与政府联系松散的为公共意识形态型政策，如学生思想政治教育政策、文化政策等；政府意识形态关注度强、相关压力群体与政府联系紧密的为体制型政策，如政府机构改革、公务员制度、外交政策等。[1]

当然，随着对分析框架的广泛应用，对政策的分类框架同样也面临一些问题与批判。其中最重要的是现实中的公共政策常常具有多重属性，因此很难将某一政策严格归入某一类型。[2] 这是包括洛伊政策类型理论在内的所有政策分类框架都需要回应的质疑。针对这一质疑，Spitzer 为洛伊的政策类型理论进行了辩护，强调应将这种分类视作一个连续谱，而非精确的、

---

[1] 任锋、朱旭峰：《转型期中国公共意识形态政策的议程设置——以高校思政教育十六号文件为例》，《开放时代》2010 年第 6 期。

[2] George D. Greenberg, Miller A. Jeffrey, Mohr B. Lawrence and Vladeck C. Bruce, "Developing Public Policy Theory：Perspectives from Empirical Research", *American Political Science Review* 71, No. 4（1977）：1532-1543.

二分的。由此，Spitzer 对纯粹的政策类型与混合的政策类型进行区分。[①]

自 20 世纪 70 年代起，学界开始将政策类型分析框架应用到对政策执行的研究中去。哈格罗夫认为，不同类型政策的利益相关者及其利益相关度不同，因此政策执行程度也不同。与分配政策相比，再分配政策更难执行。[②] 里普利和富兰克林从参与者关系的稳定性与冲突性、理念冲突程度等几个方面对不同类型政策执行过程进行分析。[③] 马特兰德依据冲突性与模糊性对政策类型进行划分，并对不同类型政策执行模式进行分析。当具有不同利益诉求的组织纷纷认为某一政策与其利益高度相关时，围绕这一政策的冲突就会发生。政策模糊性既包括政策目标模糊性，又包括政策手段模糊性。基于这两个维度，马特兰德将政策执行分为低模糊、低冲突的行政性执行，低模糊、高冲突的政治性执行，高模糊、低冲突的试验性执行与高模糊、高冲突的象征性执行四类。[④] 基于马特兰德的模糊-冲突模型，汤火箭和刘为民将国家财政政策分为四类，进而分析不同类型下政策的执行模式。[⑤] 李孔珍和任虹则认为，资源统一分配型政策执行呈直线型执行结构，而资源重点分配型政策执行则呈网络型执行结构。[⑥] 基于洛伊的政策类型划分，魏姝运用多案例比较研究方法，对中国背景下政策执行问题进行了系统研究。她将政策执行差异归因于政策类型，认为分配政策是四类政策中最易执行的一类，执行偏差是由政策设计科学性、合理性不足导致的；规制政策是政府对具有负外部性的行为进行规制的方式，往往需要目标群体的合作，涉及较为严重的冲突，因此其执行难度通常较大，影响其执行绩效的关键可能是目标群体对政策的认同度、目标群体的行为习惯与政策

[①] Robert J. Spitzer, "Promoting Policy Theory: Revising the Arenas of Power", *Policy Studies Journal* 15, No. 4 (1987): 675–689.

[②] 魏姝：《政策类型与政策执行：基于多案例比较的实证研究》，《南京社会科学》2012 年第 5 期。

[③] Randall B. Ripley and Grace A. Franklin, *Bureaucracy and Policy Implementation* (Chicago: The Dorsey Press, 1982), p. 40.

[④] Richard E. Matland, "Synthesizing the Implementation Literature: The Ambiguity-Conflict Model of Policy Implementation", *Journal of Public Administration Research and Theory* 5, No. 2 (1995): 145–174.

[⑤] 汤火箭、刘为民：《地方政府对财政政策的执行策略：一个分析框架》，《中国行政管理》2012 年第 10 期。

[⑥] 李孔珍、任虹：《县域基础教育政策执行：自主模式与竞争模式》，《首都师范大学学报》（社会科学版）2013 年第 3 期。

目标之间的差异等一系列因素；构成性政策执行受环境因素影响较小，影响其执行绩效的关键在于执行机构及其内外部关系与部门间的利益协调；再分配政策关乎财富、权力在不同阶层之间的转移分配，往往引发激烈的论辩与反对，执行过程更具复杂性与不确定性，因此是四类政策中最难执行的一类。[①] 唐啸和陈维维根据动机、激励、信息三类要素的高低程度将政策分为八种类型，研究分析了在八种不同政策类型下地方政府会采取的七种执行策略，即无行动、象征性执行、行政性执行、自发性试验、默许性执行、自发性执行和合力性执行。[②]

与其他单一理论视角相比，洛伊的政策类型在理论或经验方面都具有一定优势，更能促进公共政策研究的发展与深入。[③] 这一分类框架不仅有助于我们对关于政策执行过程中复杂政治关系的基本假设进行检验，同时还有助于经验研究的展开，进而推动政策执行过程理论的发展。

关于"强制发生的可能性"及"强制发生作用的途径"，洛伊做出一定的解释。一方面，当违反政策不会受到相应的制裁及处罚，或制裁及处罚并不直接时，强制发生的可能性较低。例如，在一些公共服务及补贴项目中，强制通常针对的是税收制度，而非公共服务或补贴项目本身。另一方面，若某类个体出现某种与政策相关的行为，政策便会对这类个体生效。此时，强制便是通过"个体行为"发生作用。例如，政府会制定政策来禁止某类个体发布欺诈广告的行为。但那些不存在发布欺诈广告行为的个体将不会受到这个政策的影响。与之相反，一些政策并不直接针对某类个体的行为，而是通过作用于"行为环境"发生作用。例如，虽然官员不需要知道某个个体的存在，但官员只要制定政策使联邦储备贴现率发生微小变化便会对个体投资倾向产生巨大影响。[④]

---

① 魏姝：《政策类型与政策执行：基于多案例比较的实证研究》，《南京社会科学》2012 年第 5 期。

② 唐啸、陈维维：《动机、激励与信息——中国环境政策执行的理论框架与类型学分析》，《国家行政学院学报》2017 年第 1 期。

③ George D. Greenberg, Miller A. Jeffrey, Mohr B. Lawrence and Vladeck C. Bruce, "Developing Public Policy Theory: Perspectives from Empirical Research", *American Political Science Review* 71, No. 4 (1977): 1532-1543; Norman Nicholson, "Policy Choices and the Uses of State Power: The Work of Theodore J. Lowi", *Policy Sciences* 35, No. 2 (2002): 163-177.

④ Theodore J. Lowi, "Four Systems of Policy, Politics and Choice", *Public Administration Review* 32, No. 4 (1972): 298-310.

　　据此，洛伊将公共政策分为分配性政策、规制性政策、构成性政策与再分配性政策。其中，分配性政策是强制发生可能性较低且直接作用于个体行为的一类政策。这类政策关乎权利与利益的个别分配，将公共利益或公共服务分配给特定的个人、组织或地区，但不强制目标群体履行相应义务。政策受益人对分配性政策的敏感度往往很高，而政策成本则分摊至每个纳税者，由于纳税者数量众多、组织成本较高，他们对政策的敏感度往往较低，因此分配性政策较少引起冲突的发生。典型的分配性政策如政府补贴、税费减免等。规制性政策是强制发生可能性较高且直接作用于个体行为的一类政策。这类政策基于普遍的规则对某类个体行为选择进行干预与控制，并对不服从规则行为的惩罚进行了规定。规制性政策往往会促进一部分利益集团的利益增加，同时抑制另一部分利益集团的利益增加，因此利益集团之间的竞争及相对实力的变化会对该政策施加影响。典型的规制性政策如环境保护、交通法规、禁烟令、限塑令等。再分配性政策是强制发生可能性较高且作用于行为环境的一类政策。这类政策是将收入等其他有价值的财富在不同阶层、团体之间重新分配。由于政策受益者与受损者双方界限清晰，并在较长时间内存在显著的利益冲突，因此再分配性政策经常引起意识形态或阶级冲突。典型的再分配性政策如社会保障、累进制所得税等。构成性政策是强制发生可能性较低且作用于行为环境的一类政策。这类政策是关于"规则的规则"，即"权威的规则"。公众一般对构成性政策并不敏感，而政治顶层则对这类政策较为关注。典型的构成性政策如政府机构改革、选举制度、公务员制度改革等。①

　　借鉴洛伊的政策类型理论，本书以政府强制力这一最重要的政治事实为划分依据，对中国公共政策进行初步的类型学划分，突破既有研究将政策执行视为"铁板一块"的束缚，进而实现这一研究领域相关知识的积累与增长。具体而言，本书将分别选择农业支持保护补贴政策、节能减排政策、机关事务管理体制改革及城市居民最低生活保障政策作为分配性政策、规制性政策、构成性政策及再分配性政策的代表案例。

---

① Theodore J. Lowi，"Four Systems of Policy, Politics and Choice"，*Public Administration Review* 32，No. 4（1972）：298-310.

第二节　分析框架构建

任何政策都要通过执行主体的过滤才能发挥作用。史密斯指出,执行机构或执行主体的能力与信心是影响政策执行的关键因素之一。[①] 马兹曼尼安和萨巴蒂尔提出的综合模型也强调,执行机构是否有能力、财政资源是否充足都会影响政策执行过程。[②] 爱德华兹三世认为,政策执行效果受制于执行机构或执行主体自身的主观意愿、资源多寡、权责大小及协商能力。[③] 此外,虽然麦克劳克林将政策执行视为政策执行主体与政策目标群体之间的互动过程,强调政策执行主体与政策目标群体在利益诉求上存在差异,为寻求双方均可接受的执行方式,两者会在执行过程中进行平等的双向调适,逐渐实现利益的妥协与协调。但在麦克劳克林看来,政策执行主体会根据政策执行所处环境的变迁及政策目标群体偏好的改变进行目标确认与工具选择。[④]

从这一角度来看,政策执行绩效本质上是执行主体通过整合与协调各种条件实现的政策整体效能。其中,地方政府自身具有的资源禀赋是推进政策高效执行的基础性条件,但基础性条件并不必然可以转化为政策执行的显性效能。在行政集权、财政分权的背景下,处在多任务环境下的地方政府会结合自身资源禀赋与压力感知做出具有能动性的选择,对注意力进行自主分配。由此可见,对于地方政府而言,政策执行绩效的高低既受到自身资源禀赋的影响,又受到环境要素的制约,且两者对政策执行绩效的影响具有较强的复杂性。

因此,为了探索地方政府得以高效推进政策执行的机制,厘清其所依赖的各类条件要素成为研究的逻辑起点。基于既有研究成果,结合中国公

---

① Thomas B. Smith, "The Policy Implementation Process", *Policy Sciences* 4, No. 2 (1973): 197-209.

② Daniel A. Mazmanian and Paul A. Sabatier, *Implementation and Public Policy* (Glenview: Scott, Foresman, 1983), p. 542.

③ George C. Edwards Ⅲ, *Implementing Public Policy* (Washington: Congressional Quarterly Press, 1980), pp. 15-29.

④ Milbrey McLaughlin, "Learning from Experience: Lessons from Policy Implementation", *Educational Evaluation and Policy Analysis* 9, No. 2 (1987): 171-178.

共政策执行的实际场景，本书从执行主体所掌握的资源要素及其所处的环境要素两个角度出发，尝试构建一个包括资源条件、组织条件、社会条件在内的整合性分析框架。

一　资源条件：政策高效执行的基础性要素

作为治理能力的基本前提，执行主体所掌握的资源禀赋为政策得以有力执行提供了重要的基础性保障。这种资源禀赋包括一系列能够帮助地方政府实现政策目标的条件。[①] 在中国的治理实践中，这种资源条件主要体现为有形的物质资源与无形的关系资源。因此，资源条件具体包括财政资金与关系资本 2 个二级条件。

第一，任何政策的执行都离不开相应财政资金的配套。埃文斯等指出，财政资源是国家治理能力的基础性来源。[②] 财政资金为执行主体的行政费用、政府采购、服务外包等提供物质保障。根据国家职能可简单将政府财政支出分为经济建设、社科文教、行政管理等方面。在同级政府层级中，不同政策领域所具有的财政资金也必然不同。可见，与政策相关的议题获得财政资源的丰盈程度对政策执行绩效有着直接的影响。因此，本书将关注执行主体具有的财政资金多寡对政策执行绩效的影响。

第二，自改革开放以来，中国社会成为包括国家、市场与关系网络在内的混合产物。[③] 其中，"关系运作"的现象不仅广泛存在于公共部门之中，也存在于公私部门之间。可见，根据"关系"构建的有组织基础的意见团体在中国社会发挥着微妙且至关重要的作用。[④] 龚虹波认为，中国的政策执

---

① Peter Hupe and Aurelien Buffat, "A Public Service Gap: Capturing Contexts in a Comparative Approach of Street-Level Bureaucracy", *Public Management Review* 16, No. 4 (2014): 548-569.

② 〔美〕彼得·埃文斯、迪特里希·鲁施迈耶、西达·斯考克波编著《找回国家》，方力维等译，生活·读书·新知三联书店，2009。

③ Max Boisot and John Child, "From Fiefs to Clans and Network Capitalism: Explaining China's Emerging Economic Order", *Administrative Science Quarterly* 41, No. 4 (1996): 600-628; Frank Pieke, "Bureaucracy, Friends, and Money: The Growth of Capital Socialism in China", *Comparative Studies in Society and History* 37, No. 3 (1995): 494-518.

④ Lucian W. Pye, "Factions and the Politics of Guanxi: Paradoxes in Chinese Administrative and Political Behaviour", *The China Journal* 34 (1995): 35-53; 孙立平：《"关系"、社会关系与社会结构》，《社会学研究》1996 年第 5 期；Yang Su and Shi Z. Feng, "Adapt or Voice: Class, Guanxi, and Protest Propensity in China", *The Journal of Asian Studies* 72, No. 1 (2013): 45-67。

行应当分为"关系主导"的非正式执行与"有限分权"的正式执行。[①] 可见，行为者在正式组织中的权力地位不一定等同于其在"关系网络"中的权力地位。对于中国公共政策执行的实际过程而言，由于中国实行领导干部责任制，执行主体"一把手"在其关系网络中形成的独特的社会资本对推动政策执行具有重要意义，这种关系资本甚至比政治权力和专业技能更为重要。[②] 既有实证研究也印证了上述观点。刘湖北等通过田野调查及问卷调查，讨论了"第一书记"的工作背景、身份地位、社交网络对扶贫工作绩效的促进作用，验证了"一把手"具有的关系资本对政策执行绩效的影响。[③] 张军和高远研究认为，作为中国官员治理制度的重要特征，官员的政治交流，即官员通过政治任命交流至不同部门或地方政府任职，在一定程度上有助于流入地的经济增长及腐败的防治。[④] 此外，这种交流还有助于引导地方政府行为，促进政府职能的转变。[⑤] 可见，官员的垂直或横向交流不仅进一步丰富了官员自身的关系资本，更在政策执行过程中发挥了催化剂与润滑剂的作用，进而促进政策执行绩效的提高。因此，本书还将关注执行主体"一把手"具有的关系资本多寡对政策执行绩效的影响。

二　组织与社会条件：政策高效执行的环境要素

（一）组织条件

执行主体所掌握的资源禀赋固然重要，但基础能力并不必然带来治理目标的有效实现。换言之，政策是在一定的组织结构中落实的，执行主体必须以其所在的组织结构为载体。因此，执行主体所处的组织结构对其执行意愿具有一定程度的塑造作用，并可以促进资源条件转化为实际的政策

---

① 龚虹波：《执行结构–政策执行–执行结果——一个分析中国公共政策执行的理论框架》，《社会科学》2008 年第 3 期。

② Nan Lin, "Social Networks and Status Attainment", *Annual Review of Sociology* 25（1999）: 467–487.

③ 刘湖北、闵炜琪、陈靓：《"第一书记"社会资本与扶贫工作绩效的关系研究》，《江西社会科学》2019 年第 9 期。

④ 张军、高远：《官员任期、异地交流与经济增长——来自省级经验的证据》，《经济研究》2007 年第 11 期；陈刚、李树：《官员交流、任期与反腐败》，《世界经济》2012 年第 2 期。

⑤ 步丹璐、狄灵瑜：《官员交流与地方政府职能转变——以地区招商引资为例》，《财经研究》2018 年第 9 期。

效能。如果执行主体感知到较弱的机会信号或外部压力，那么即使具有较好的资源禀赋，在多任务环境下，其执行意愿将会被削弱，也势必会影响政策执行的绩效水平。因此，从执行主体所处的组织条件出发，探究影响地方政府公共政策执行绩效的因素十分必要。众多研究对组织在政策执行或政策创新中的作用进行了验证与分析。[①] 研究通常从组织结构、组织运作过程、组织分工、组织制度文化、组织利益冲突等角度探究组织对政策执行绩效的影响。[②] 组织条件具体包括中央支持、制度基础与制度激励 3 个二级条件。

第一，在中国公共政策执行的实际过程中，一方面，"压力型体制""以党领政""三元权威差序"等组织特征决定了"高位推动""领导重视"等依靠权威资源来推动政策执行的手段十分有效。[③] 如果中央政府释放了其对特定政策目标的支持或重视信号，那么地方政府或下级政府积极回应的概率会相应提高。[④] 同时，条块分割的组织构造使常态下的政策协同十分困难，从而加剧了组织对"以权威为依托的协同模式"的依赖。[⑤] 另一方面，练宏也指出，在实际政治运作过程中，党委拥有实质权威，在组织中的地位最高；政府拥有正式权威，在组织中的地位居中；职能部门仅拥有象征权威，在组织中的地位最低。在此情况下，职能部门通常会通过"非直线竞争"获得党委的注意力，并借助党委的权威推动政策落实。[⑥] 由此可见，中央政府对政策议题的支持程度将在很大程度上影响地方政府执行政策的主观意愿，进而对公共政策执行绩效产生影响。因此，本书将关注中央对

① Donald S. Van Meter and Carl E. Van Horn, "The Policy Implementation Process: A Conceptual Framework", *Administration & Society* 6, No. 4 (1975): 445-488；杨雪冬：《压力型体制：一个概念的简明史》，《社会科学》2012 年第 11 期。

② Richard F. Elmore, "Organization Models of Social Program Implementation", *Public Policy* 26, No. 2 (1978): 185-228；练宏：《注意力竞争——基于参与观察与多案例的组织学分析》，《社会学研究》2016 年第 4 期。

③ 庞明礼：《领导高度重视：一种科层运作的注意力分配方式》，《中国行政管理》2019 年第 4 期。

④ Sebastian Heilmann, "Policy Experimentation in China's Economic Rise", *Studies in Comparative International Development* 43, No. 1 (2008): 1-26.

⑤ 周志忍、蒋敏娟：《中国政府跨部门协同机制探析——一个叙事与诊断框架》，《公共行政评论》2013 年第 1 期。

⑥ 练宏：《注意力竞争——基于参与观察与多案例的组织学分析》，《社会学研究》2016 年第 4 期。

地方政府公共政策执行的支持力度对政策执行绩效产生的影响。

第二，由于政策执行绩效影响机制的复杂性与不确定性，组织内部完善与明确的制度条件便成为规范与约束执行主体行为、形塑与激励执行主体行为选择的关键。[①] 良好的制度条件，诸如执行细则、权责划分、干部考核、绩效评估等方面的配置均有助于政府政策目标的传达，对规范执行主体行为具有重要的激励作用，[②] 能够减弱执行主体自由裁量权对政策执行绩效的负面影响。相关研究指出，中国已经出现了"行政科层化"的治理改革[③]，并逐步向强调规则、程度和可问责性的"韦伯式官僚制"过渡[④]。作为一种支撑政府运作的基础制度，目标责任与绩效管理制度在近年来的行政管理体制改革中也被不断强化，[⑤] 有力地推动了政策"自上而下"的贯彻执行。因此，本书还将关注组织中制度基础与制度激励的完善程度对政策执行绩效的潜在影响。

需要强调的是，政策执行的高效率并没有消除政策执行结果的不确定性[⑥]，这种悖谬现象提示我们，组织条件与政策执行绩效之间也不是简单的线性因果关系，政策执行绩效的影响机制具有较强的复杂性。

（二）社会条件

随着政策执行研究的深入，豪尔和奥图尔指出，仅仅以组织内部的层级关系为切入点分析影响政策执行的关键因素忽视了组织所在的外部环境，

---

① Elior Ostrom, "Institutional Rational Choice: An Assessment of the Institutional Analysis and Development Framework", in Paul A. Sabatier, *Theories of the Policy Process* (Boulder: Westview Press, 1999), pp. 35-72.

② 张楠、卢洪友：《官员垂直交流与环境治理——来自中国 109 个城市市委书记（市长）的经验证据》，《公共管理学报》2016 年第 1 期。

③ 渠敬东、周飞舟、应星：《从总体支配到技术治理——基于中国 30 年改革经验的社会学分析》，《中国社会科学》2009 年第 6 期。

④ 周黎安：《转型中的地方政府：官员激励与治理》，格致出版社、上海人民出版社，2008，第 373~377 页。

⑤ 《中共中央　国务院印发〈关于深化行政管理体制改革的意见〉的通知》，http://www.gov.cn/gongbao/content/2008/content_946042.htm。

⑥ 薛澜、赵静：《转型期公共政策过程的适应性改革及局限》，《中国社会科学》2017 年第 9 期。

因而难以捕捉政策执行的复杂性与动态性。[1] 门泽尔也强调，组织在很大程度上并非自我导向型的，而是要依赖其所处外部环境的引导。[2] 格兰瑟姆认为，除了政策制定外，政策执行也存在网络形式。官僚组织与其他社会组织之间的利益协调与妥协贯穿政策执行全过程[3]，这使执行主体所处的环境因素对政策执行发挥重要作用[4]。因此，组织所在的社会环境会影响地方政府公共政策执行绩效。社会条件具体包括专家参与及外部压力 2 个二级条件。

第一，随着社会问题日益多样化与复杂化，在有限注意力的背景下，官僚组织自身难以完全、有效地落实全部公共政策，特别是当常规的官僚治理面临组织失灵现象时，政策执行需要依赖包括企业、公民团体在内的社会组织的合作。[5] 薛澜和朱旭峰指出，当具有知识性的专家学者广泛参与到政策执行过程中时，政策理性将得到有效提高，政策偏差也将会在一定程度上得到纠正。[6] 因此，本书将关注专家参与程度对政策执行绩效的影响。

第二，任何一项政策都兼具工具理性和价值理性两方面，即合理性与合法性。合理性体现在较高的行政效率与公共服务的有效供给，合法性则体现在政策对环境变迁的及时回应以及政策过程是否包含民主参与和公开透明原则。合法性的高低对政策执行绩效的差异有着重要影响。[7] 对于中国

---

① Thad E. Hall and Laurence J. O' Toole Jr., "Structures for Policy Implementation: An Analysis of National Legislation 1965–1966 and 1993–1994", *Administration & Society* 31, No. 6 (2000): 667–686.

② Donald C. Menzel, "An Interorganizational Approach to Policy Implementation", *Public Administration Quarterly* 11, No. 1 (1987): 3–16.

③ Andrew Grantham, "How Networks Explain Unintended Policy Implementation Outcomes: The Case of UK Rail Privatization", *Public Administration* 79, No. 4 (2001): 851–870.

④ Daniel A. Mazmanian and Paul A. Sabatier, *Implementation and Public Policy* (Glenview: Scott, Foresman, 1983), p. 4.

⑤ Thad E. Hall and Laurence O' Toole Jr., "Structures for Policy Implementation: An Analysis of National Legislation 1965–1966 and 1993–1994", *Administration & Society* 31, No. 6 (2000): 667–686.

⑥ 薛澜、朱旭峰：《中国思想库的社会职能——以政策过程为中心的改革之路》，《管理世界》2009 年第 4 期。

⑦ 徐岩、范娜娜、陈那波：《合法性承载：对运动式治理及其转变的新解释——以 A 市 18 年创卫历程为例》，《公共行政评论》2015 年第 2 期。

公共政策执行的实践过程而言，中央政府承担了国家发展的无限责任，在合法性压力下，中央政府对潜在的统治风险异常敏感，这种统治风险不仅包括"国家分裂、社会暴动、革命"等直接统治风险，也包括"社会经济失序与波动引起的社会不满情绪"等间接统治风险。① 因此，虽然地方政府具有"向上负责"的组织特征②，但在干部责任制的作用下，政府对公众需求的回应便通过中央政府传递至地方政府，使得媒体舆论的监督成为影响地方政府公共政策执行绩效的重要因素，一些焦点事件甚至促成了跨域治理中的"超常规执行"。③ 因此，本书将关注媒体舆论等外部压力的大小对政策执行绩效的影响。

综上所述，本书将从资源条件、组织条件、社会条件3个方面选取财政资金、关系资本、中央支持、制度基础、制度激励、专家参与、外部压力7个二级条件。其中，资源条件属于执行主体具有的资源要素，组织与社会条件属于执行主体所处的环境要素。从整体论视角出发，地方政府公共政策执行绩效的高低既受到自身资源要素的影响，又受到环境要素的制约，且两者对政策执行绩效的影响具有较强的复杂性。同时，资源条件、组织条件、社会条件下的多重二级条件之间也具有复杂的联动机制，它们既可能相互适配促进政策执行绩效的提高，又可能相互抵消削弱政策执行绩效。那么，究竟是资源要素还是环境要素对政策高效执行具有更为重要的影响？作为颇具复杂性的因果机制，不同条件之间的联动机制究竟为何？本书将基于本章所构建的分析框架对这一问题进行分析。

第三节　本章小结

为了研究的有序开展，本书首先对重要概念进行界定与阐释。其次基于洛伊的政策类型理论对公共政策进行分类，以"强制发生的可能性"与

---

① 周黎安：《转型中的地方政府：官员激励与治理》，格致出版社、上海人民出版社，2008，第63~64页。

② 周雪光：《运动型治理机制：中国国家治理的制度逻辑再思考》，《开放时代》2012年第9期。

③ 陈晓运：《跨域治理何以可能：焦点事件、注意力分配与超常规执行》，《深圳大学学报》（人文社会科学版）2019年第3期。

"强制发生作用的途径"两个维度,将公共政策分为强制发生可能性较低且直接作用于个体行为的分配性政策、强制发生可能性较低且作用于行为环境的构成性政策、强制发生可能性较高且直接作用于个体行为的规制性政策,以及强制发生可能性较高且作用于行为环境的再分配性政策四类,并分别选择农业支持保护补贴政策、机关事务管理体制改革、节能减排政策,以及城市居民最低生活保障政策为代表案例。

在此基础上,基于整体论视角,结合中国公共政策执行的实际场景,本书从执行主体所具有的资源要素及其所处的环境要素两个角度出发,尝试构建一个包括资源条件、组织条件、社会条件在内的整合性分析框架。具体而言,资源条件包括财政资金与关系资本 2 个二级条件;组织条件包括中央支持、制度基础与制度激励 3 个二级条件;社会条件包括专家参与及外部压力 2 个二级条件(见图 2.2)。在这一分析框架下,本书将对不同类型政策得以高效执行的实现机制及各类因素之间的联动机制进行分析。

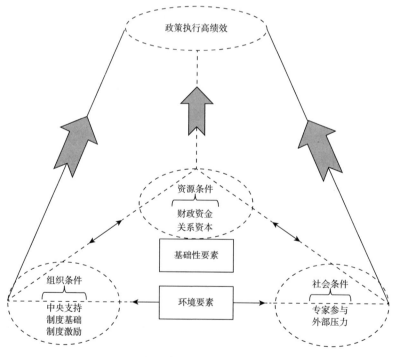

图 2.2　分析框架示意

第三章 构成性政策高效执行的
影响机制：以机关事务
管理体制改革为例

　　作为理解中国全面深化改革的重要线索，行政管理体制改革主要包括政府职能优化与政府内部管理体制改革两条主线。其中，政府内部管理体制改革包括"结构性变革"、"程序性变革"与"关系性变革"。① 在中国行政管理体制改革的整体进程中，实现政府职能转变是根本目的，结构性优化是核心载体和引擎，程序性与关系性调整则是辅助手段。② 改革开放以来，中国行政管理体制改革在结构优化、职能转变等方面取得了一定程度的进展③，但仍存在诸如总体设计系统性不足、具体措施精细度不够等问题④。由此，党的十九大报告对新时代行政管理体制改革工作提出了进一步要求："统筹考虑各类机构设置，科学配置党政部门及内设机构权力、明确职责。"⑤

　　学界对中国行政管理体制改革问题给予了普遍关注。当前部分研究从规范角度讨论政府行政管理体制改革"应然"的做法，强调以结构优化为

---

① Patricia W. Ingraham and Guy B. Peters, "The Conundrum of Reform: A Comparative Analysis", *Review of Public Personnel Administration* 8, No. 3 (1988): 3-16.

② 宋雅琴、王有强、张楠：《政府绩效视角下的行政管理体制改革战略反思——基于地方政府公务员的感知调查》，《公共管理学报》2012 年第 4 期。

③ 李文钊、毛寿龙：《中国政府改革：基本逻辑与发展趋势》，《管理世界》2010 年第 8 期。

④ 周志忍、徐艳晴：《基于变革管理视角对三十年来机构改革的审视》，《中国社会科学》2014 年第 7 期。

⑤ 《习近平：决胜全面建成小康社会 夺取新时代中国特色社会主义伟大胜利——在中国共产党第十九次全国代表大会上的报告》，http://www.xinhuanet.com/politics/2017-10/27/c_1121867529.htm.

主体的改革方式应逐渐让位于运作管理。① 另有部分研究从个案研究出发，总结地方行政管理体制改革的相关经验。② 宋雅琴等将行政管理体制改革视为自变量，探究其对地方政府绩效的影响。③

为了研究需要，本书将机关事务统一管理政策执行绩效视作结果变量，试图在分析框架下，通过模糊集定性比较分析方法探究影响地方政府行政管理体制改革落实程度差异的条件变量与机制。具体而言，本书以机关事务统一管理这一具体领域为例，将 2012 年国务院发布的《机关事务管理条例》中对机关事务职责归属的相关规定视为政策目标，将截至 2020 年初各地方政府机关事务管理部门的履职数量视为 2012 年出台的《机关事务管理条例》这一行政法规的执行绩效，考察全国 30 个省（区、市）④ 在《机关事务管理条例》颁布近 8 年的执行情况，探究各地机关事务管理部门职能范围存在显著差异的原因，进而对影响构成性政策执行绩效的核心条件与联动机制进行分析。

第一节　作为构成性政策的机关事务管理体制改革

一　机关事务统一管理的背景与内容

机关事务工作是政府工作的重要组成部分，为保证党政机关实现有效运转，发挥枢纽性作用。改革开放以来，机关事务的核心任务由生产服务、后勤保障逐渐转变为集服务、管理、保障于一体的行政管理工作。随着政府职能的扩大，政府内部的公共服务诉求日益增加，机关事务管理的核心职能则由机关经费、财务、公务用车、国有资产管理等六项逐渐扩展为包括国有资产管理、经费管理和服务管理在内的三大项 12 小项。

---

① 周志忍：《深化行政改革需要深入思考的三个问题》，《中国行政管理》2010 年第 1 期；麻宝斌：《中国公共行政改革面临的十重困境》，《吉林大学社会科学学报》2005 年第 1 期。
② 周功满、陈国权：《"专委会制度"：富阳创新部门间协调配合机制》，《中国行政管理》2009 年第 11 期；吴韵曦：《广东顺德大部制改革背景下构建分权制衡机制的实践》，《领导科学》2011 年第 18 期。
③ 宋雅琴、王有强、张楠：《政府绩效视角下的行政管理体制改革战略反思——基于地方政府公务员的感知调查》，《公共管理学报》2012 年第 4 期。
④ 由于材料不可获取，样本库中不包括西藏自治区及港澳台地区。

党的十八大以来，机关事务管理工作虽取得一定进展，但在管理体制方面存在的问题依然显著，如条块分割、管理职能分散、职能交叉、边界模糊、政事关系碎片化等，机关事务管理体制改革迫在眉睫。[①] 机关事务管理体制不仅包括整个系统内部上下级的权责分配，也包括特定层级机关事务管理局与其他职能部门之间的关系[②]，本质上反映的是政府部门间如何进行权力配置与职责划分[③]。由此，推进机关事务统一管理，实现职能的科学、合理配置成为行政管理体制改革的主要领域，不仅关乎国家治理体系和治理能力现代化的推进，也关乎服务型政府的建立。

2012 年 6 月 28 日，国务院出台《机关事务管理条例》（国务院令第 621 号）。《机关事务管理条例》指出，"县级以上人民政府应当推进本级政府机关事务的统一管理"，"县级以上地方人民政府机关事务主管部门指导下级政府有关机关事务工作，主管本级政府的机关事务工作"。此外，《机关事务管理条例》还明确了机关事务管理工作的主要内容为经费管理、国有资产管理及服务管理三大部分。自 2012 年国务院出台《机关事务管理条例》起，各地纷纷先后出台了《机关事务管理办法》（简称《管理办法》）。2012 年 9 月，吉林省出台《管理办法》，成为全国最早出台《管理办法》的省份。2013 年 9 月至 2015 年 12 月，包括河北、海南、陕西、湖北、浙江、福建、江苏等在内的 12 个地方出台了《管理办法》；而重庆、宁夏、上海等 7 个地方则于 2016 年 2 月至今陆续出台了《管理办法》。此外，北京和新疆则分别于 2013 年 7 月和 2015 年 2 月出台《关于贯彻实施〈机关事务管理条例〉的意见》《关于贯彻落实〈机关事务管理条例〉的实施意见》。

根据国家机关事务管理局的统计资料，截至 2020 年初，中国各省（区、市）纷纷成立了省级机关事务管理部门，但各地方机关事务管理部门承担的职能范围均小于《机关事务管理条例》的规定，且存在显著差异。其中，24 个地方机关事务管理部门承担国有资产管理职能，仅有 8 个地方机

---

① 余少祥：《关于机关事务管理体制改革的若干思考》，《中国行政管理》2019 年第 3 期。
② 周志忍：《美国"三公经费"管理对机关事务标准化建设的启示》，《中国行政管理》2018 年第 12 期。
③ 王浦劬、梁宇、李天龙：《十八大以来我国省级机关事务管理体制改革的发展及其思考》，《中国行政管理》2018 年第 3 期。

关事务管理部门负责经费管理职能。在全国所有地方机关事务管理部门中，承担职能最多的省份是福建省，承担职能总数为 11 项；承担职能最少的为宁夏、青海与贵州，承担职能总数均为 4 项。根据国家机关事务管理局列出的全部 12 项职能，仅有"办公用房管理"一项成为全国所有地方机关事务管理局共同的职能，部分地方机关事务管理部门承担财务经费管理、公务接待、住房保障、住房公积金等职能，少数地方机关事务管理部门还承担了人防工程管理职能。随着公共资源交易中心建设推进，原由部分地方机关事务管理部门承担的省级机关政府集中采购工作纳入了公共资源交易中心，但仍有天津市、上海市、浙江省、广西壮族自治区、云南省机关事务管理部门承担着政府集中采购工作。此外，相关研究指出，涉及国有资产管理与经费管理的相关职责则持续处于地方机关事务管理部门这一"弱势部门"与诸如发改委、财政厅这类"强势部门"的博弈中，并为机关事务的持续、稳定运行增强了不确定性。①

由此可见，尽管 2012 年出台的《机关事务管理条例》要求地方推进机关事务统一管理，并明确了机关事务管理部门作为主管部门的权责关系与运行职责，但由于该条例并未对实现机关事务统一管理的手段进行强制性要求，在部门利益与非正式制度的影响下，机关事务统一管理的现代化进程在各地发展出各式各样的形态，取得了迥异的阶段性成果。有些地方贡献了生动的经验，有些地方则依旧面临诸多困境。为何各地机关事务管理部门的职能范围存在如此显著的差异？为探究这一原因，本书将截至 2020 年初各地方机关事务管理部门的履职数量视为《机关事务管理条例》这一行政法规的执行绩效，考察全国 30 个地方政府在《机关事务管理条例》颁布近 8 年的执行情况，并对影响构成性政策执行绩效的核心条件与联动机制进行分析。

二 关于案例选择的说明

关于机关事务管理体制改革这一案例的选择是基于以下原因。

首先，根据洛伊的政策类型理论，构成性政策是强制发生可能性较低且作用于行为环境的一类政策。机关事务管理体制改革作为政府内部的一项行政行为，在很大程度上不与政府外部发生直接的关联，而与其相关的

---

① 衡霞：《地方机关事务管理职能法定化困境及成因研究》，《中国行政管理》2019 年第 3 期。

决定及决定实施的结果不对公民产生直接的影响。[①] 根据这一定义，机关事务管理体制改革是典型的构成性政策，案例选择具有一定程度的代表性。

其次，选择机关事务管理体制改革作为案例还具有较强的现实意义。随着经济和社会转型的深入展开，实现对政府机关事务的有效治理成为转型期中国必须正视的重要现实，对实现国家治理能力现代化及建设责任政府、节约型政府具有至关重要的意义。据笔者不完全统计，2018 年前，绝大多数与机关事务管理相关的文章仅发表在《中国机关后勤》这一机关刊物上。2018~2019 年，已有 10 余篇关注政府机关事务管理相关问题的学术研究发表在 CSSCI 期刊上。可见这一曾被学界忽视的领域日益成为研究的显学，学界关注度的激增也反映出这一问题的重要性与影响力正在逐步凸显。

再次，笔者自 2018 年 4 月起参与国家机关事务管理局相关课题调研，一年多来通过过程追踪对五省数十个市（县）机关事务管理部门进行调研，并与相关领导和工作人员开展座谈。调研获得的一手资料不仅促进了本书研究问题意识的形成，更为研究的开展奠定了重要的基础：确保案例支撑材料的真实、全面，进而使研究的信度得到保证。

最后，也是需要强调的关键所在。既有研究尝试以偏差程度为标准，将现有研究提出的众多关于政策执行策略的描述性概念划入政策执行"失败"程度的谱系。然而，事实上，以政策落实偏差程度对政策执行绩效进行衡量非常困难。因此，本书并未收集不同领域的构成性政策来建立案例库，而选择同一领域不同省份的政策执行情况作为样本，衡量地方政府对中央政策的落实程度，力图在同一尺度对地方政府公共政策执行绩效进行衡量。此外，政策颁布至 2020 年初已有近 8 年，时间覆盖长度足够观察政策执行情况。同时，由于所有地方政府落实政策的时间都是相同的，对时间变量的控制便可以避免政策执行时间不一致给执行绩效带来的影响。

---

① 衡霞：《地方机关事务管理职能法定化困境及成因研究》，《中国行政管理》2019 年第 3 期。

第二节　变量设计与数据来源

一　结果变量的设计与校准

本书以截至 2020 年初全国各地方对机关事务统一管理政策的落实情况为例考察构成性政策的执行绩效。根据 2012 年出台的《机关事务管理条例》规定，地方机关事务管理工作应由本级政府机关事务管理局统一管理。因此，本书将各地方机关事务管理部门履职数量作为构成性政策执行绩效的代理变量。根据国家机关事务管理局的统计资料，机关事务管理工作三部分内容又可细分为办公用房管理、公务用车管理、公共机构节能、国有资产管理、财务经费管理、后勤服务保障、住房保障、公务接待、住房公积金、政府采购、人防工程、领导服务保障 12 项。截至 2020 年初，根据各地方机关事务管理部门履职数量情况，本书对构成性政策结果变量的描述性统计见表 3.1。

表 3.1　构成性政策结果变量的描述性统计

单位：个

项目	个案数	最小值	最大值	平均值	标准差
地方机关事务管理部门履职数量	30	4	11	7.8667	2.06336
有效个案数	30				

资料来源：笔者根据调研资料整理。

对于模糊集定性比较分析方法而言，变量的校准（calibration）是至关重要的一步。未经校准的变量仅能观察不同案例在某个变量上的相对位置，这是远远不够的。[1] 在对概念以集合论的方式进行构建的基础上，校准是根据可靠的外部标准将原始测量值转化为 [0, 1] 的模糊隶属度的过程，意指在一个清晰的集合中成员的隶属度。[2] 拉金再三强调外部的实质性知识对

---

[1] 例如，我们或许能通过未经校准的人均 GDP 说明一个地区比另一个地区的经济发展水平更高，但我们仍然没办法判断这个地区是发达地区还是贫穷地区。

[2] 〔美〕查尔斯·C. 拉金：《重新设计社会科学研究》，杜运周等译，机械工业出版社，2019。

于校准的至关重要性，这也是定性比较分析中"定性"的内涵所在。① 与自然科学相比，社会科学缺乏用以校准的精确"公认标准"，② 但具有大量的情境设置条件（context-setting conditions）。情境设置条件可以是范围（scope）条件或群体（population）条件这样可以进行二分的变量，也可以是交互变量。③ 校准的两种方法分别是直接法和间接法。其中，直接法的核心是研究者根据外部实质性知识对三个定性锚点进行指定，即完全隶属阈值、交叉点和完全不隶属阈值。三个定性锚点将被用来完成对变量原始测量值的模糊隶属分数转化。与直接法不同，间接法需要研究者根据外部标准将案例划分为不同隶属级别，并对不同级别的隶属分数进行初始估计，进而通过分段对数模型对假定隶属度进行优化。④

　　本书将采用直接法对构成性政策的结果变量进行校准，目标集为构成性政策高效执行的地区集合，为了以履职数量来校准该集合的成员隶属度，笔者将三个用以校准的定性锚点分别指定为 11 个（完全隶属阈值）、8 个（交叉点）、5 个（完全不隶属阈值）。本书选择这三个定性锚点的原因如下。首先，在 12 项职能中，人防工程是经法律（《中华人民共和国人民防空法》）规定由国家人民防空办公室负责管理的工作。结合案例实际情况，目前只有少数地方机关事务管理部门还负责人防工程工作。因此，本书认为，机关事务管理部门履职数量为 11 个及以上的地区完全隶属于目标集。其次，结合调研及访谈情况，笔者认为，机关事务管理部门的核心职能为办公用房管理、公务用车管理、后勤服务保障、领导服务保障与公共机构节能 5 项，因此，本书认为，如果地方机关事务管理部门履职数量低于 5 个，意味着其完全不隶属于目标集。最后，本书指定履职数量 8 个为交叉

---

① 拉金强调，校准过程不是自动或机械的，根据数值大小的排序直接为变量赋予 0 和 1 之间的分数是严重错误的做法。另外，拉金指出，只有在万不得已时，才可以考虑使用平均值、中值这样的机械分界点，但必须评估这样的做法会产生怎样的理论或经验意义。参见 Charles C. Ragin, *Redesigning Social Inquiry: Fuzzy Sets and Beyond* (Chicago: University of Chicago Press, 2008), Chapter 4。

② 拉金用"相移"（phase shift）这一概念来说明自然科学校准过程中必要的定性断点。例如，在 0℃ 或 100℃ 时，水的体积会发生质的变化。水的体积在温度低于 0℃ 时减小，在温度高于 100℃ 时增加，那么 0℃ 与 100℃ 便成为具有理论意义的定性锚点。

③ 例如，若随着 C 水平的提高，A 对 B 的影响没有变为非常大，那么 C 则成为情景设置条件。

④ 〔比〕伯努瓦·里豪克斯、〔美〕查尔斯·C. 拉金编著《QCA 设计原理与应用：超越定性与定量研究的新方法》，杜运周、李永发等译，机械工业出版社，2017。

点，即既非隶属也非不隶属的最大模糊点。本书利用直接法对结果变量进行校准后，各样本集合隶属分数见表3.2。

表 3.2 构成性政策结果变量校准后各样本集合隶属分数

地区	校准后隶属分数	地区	校准后隶属分数
北京	0.88	河南	0.73
天津	0.73	湖北	0.32
河北	0.50	湖南	0.73
山西	0.73	广东	0.05
内蒙古	0.32	广西	0.50
辽宁	0.73	海南	0.18
吉林	0.88	重庆	0.18
黑龙江	0.88	四川	0.73
上海	0.73	贵州	0.05
江苏	0.73	云南	0.88
浙江	0.88	陕西	0.32
安徽	0.73	甘肃	0.73
福建	0.95	青海	0.05
江西	0.10	宁夏	0.05
山东	0.50	新疆	0.32

资料来源：笔者自制。

二 条件变量的设计与校准

基于分析框架，本书从资源、组织、社会3个一级条件中抽取7个二级条件作为条件变量。拉金指出，清晰集因果条件与模糊集因果条件可以同时被纳入模糊集分析中。[1] 根据研究需要及变量特性，除外部压力这一条件变量外，本书对其他条件变量采用清晰集的二元校准方式，即指定一个定性锚点，将条件变量的原始测量转化为"完全隶属"（1）或"完全不隶属"（0）。对构成性政策执行绩效条件变量校准的外部标准与隶属度取值标准见表3.3。

---

① 〔美〕查尔斯·C. 拉金：《重新设计社会科学研究》，杜运周等译，机械工业出版社，2019。

表 3.3　构成性政策执行绩效条件变量校准的外部标准与隶属度取值标准

维度	变量	目标集	外部标准	隶属度取值标准			
				完全隶属	偏隶属	偏不隶属	完全不隶属
资源条件	财政资金	具有充裕财政资金的地区集合	职能部门"一把手"职级为正厅级	1	—	—	0
	关系资本	职能部门"一把手"具有丰富关系资本的地区集合	职能部门"一把手"曾任或兼任党委政府秘书长	1	—	—	0
组织条件	中央支持	具有较强中央支持的地区集合	被确立为综合试点或专项试点	1	—	—	0
	制度基础	具有健全制度基础的地区集合	出台地方《管理办法》的时间	1	—	—	0
	制度激励	具有明确制度激励的地区集合	机关事务管理工作被纳入政府目标责任制或绩效考核指标	1	—	—	0
社会条件	专家参与	具有充分专家参与支持的地区集合	成立省级机关事务研究中心	1	—	—	0
	外部压力	具有较强外部压力的地区集合	地方政府对公共问题普遍具有较强的回应性	1	0.67	0.33	0

资料来源：笔者自制。

（一）资源条件

（1）财政资金

与地方公共财政预算支出科目的数据不同，各地方公共部门预算数据公开程度及部门成立时间存在一定差异，因此各地方机关事务管理部门年度预算数据的收集面临较大困难。为了克服这一困境，本书以各地方机关事务管理部门的规格衡量执行主体拥有财政资金的多寡。换言之，本书认为，地方机关事务管理部门的规格越高，其所掌握的财政资金可能越充裕。根据调研材料可知，地方机关事务管理部门的机构规格与性质存在较大差异，如正厅级行政机构、副厅级参公事业单位等。因此，本书采用清晰集的二元校准方式对构成性政策中的财政资金这一条件变量进行校准，目标集为具有充裕财政资金的地区集合。若地方机关事务管理部门"一把手"职级为正厅级，则样本的目标集隶属度为 1；若"一把手"职级为副厅级，则样本的目标集隶属度为 0。各地方机关事务管理部门机构规格与性质的相关数据为笔者根据调研资料整理获得。

（2）关系资本

行政关系人缘化对于理解中国政策执行具有非常重要的意义。[①] 通过对官员履历的收集，本书发现，大部分机关事务管理部门"一把手"的履职经历较为简单，官员的流动大部分为系统内流动。此外，在调研期间笔者发现，如果某地机关事务管理部门"一把手"曾经任职过党委、政府"秘书长"一职，那么该地在机关事务管理体制改革方面的工作会推进得更为顺利，其工作模式通常也会获得上级政府相关领导的肯定。因此，本书采用清晰集的二元校准方式对关系资本这一条件变量进行校准，目标集为职能部门"一把手"具有丰富关系资本的地区集合。若地方机关事务管理部门"一把手"曾任或兼任党委政府秘书长，则样本的目标集隶属度为 1；若"一把手"尚未有过此任职经历，则样本的目标集隶属度为 0。关于各地方机关事务管理部门"一把手"是否曾任或兼任党委政府秘书长一职的相关数据，笔者借助网络搜索工具，结合各地方机关事务管理部门网站及权威媒体资料公开发布的职能部门"一把手"的履历信息整理获得。

（二）组织条件

（1）中央支持

为推动机关事务工作的现代化，近年来，中央陆续对地方机关事务管理工作进行试点立项，试图通过立项撬动地方机关事务管理工作的推进。对于机关事务管理体制改革这一"非核心"工作而言，中央政府的关注与支持对地方机关事务管理工作的有效开展具有重要的推动作用。因此，本书采用清晰集的二元校准方式对构成性政策中的中央支持这一条件变量进

---

① 周雪光：《基层政府间的"共谋现象"——一个政府行为的制度逻辑》，《社会学研究》2008 年第 6 期。

行校准，目标集为具有较强中央支持的地区集合。若地方机关事务管理部门被确立为综合试点或专项试点，则样本的目标集隶属度为 1；若无试点项目，则样本的目标集隶属度为 0。为了保证样本数据信息的真实性与可靠性，各地方机关事务管理部门试点情况的相关数据为笔者结合调研资料及国家机关事务管理局网站信息整理获得。

（2）制度基础

自 2012 年国务院出台《机关事务管理条例》以来，部分地方陆续出台相关《管理办法》。健全的制度设计、夯实的制度基础对于促进政策落实具有重要作用。因此，本书采用清晰集的二元校准方式对制度基础这一条件变量进行校准，目标集为具有健全制度基础的地区集合。若地方机关事务管理部门出台了《管理办法》，则样本的目标集隶属度为 1；若尚未出台《管理办法》，则样本的目标集隶属度为 0。关于各地方是否出台《管理办法》的相关数据，笔者结合调研及相关人员访谈资料整理获得。

（3）制度激励

通过对各地方出台的《管理办法》的研究可以看出，部分地方将机关事务管理工作纳入政府目标责任制考核中，这一制度安排对地方机关事务管理体制改革具有重要的激励作用。因此，本书采用清晰集的二元校准方式对制度激励这一条件变量进行校准，目标集为具有明确制度激励的地区集合。除公共机构节能工作外，若有其他与机关事务管理相关的工作被纳入地方政府绩效考核指标中，则样本的目标集隶属度为 1；若尚未有其他工作被纳入指标，则样本的目标集隶属度为 0。[①] 关于各地方是否将机关事务管理工作纳入目标责任制考核的相关数据，笔者通过研读各地方《管理办法》文件整理获得。

（三）社会条件

（1）专家参与

为推进新时代机关事务理论研究，各地方机关事务管理部门纷纷与科

---

① 根据《中华人民共和国节约能源法》，国家实行节能目标责任制。对于所有政府而言，公共机构节能都被纳入目标责任制。因此，定性锚点的确定必须考虑这一实际情况。本书认为仅将公共机构节能纳入目标责任制不代表该地区在机关事务管理工作方面具有明确的目标责任。

研院所建立合作关系，成立机关事务研究中心。研究中心的成立有助于拓宽地方机关事务管理的理论视角，提高机关事务管理的理论水平，进而促进相关人员履职能力的提高。因此，本书采用清晰集的二元校准方式对专家参与这一条件变量进行校准，目标集为具有充分专家参与支持的地区集合。若地方机关事务管理局与高校合作成立机关事务研究中心，则样本的目标集隶属度为1；若尚未成立研究中心，则样本的目标集隶属度为0。关于各地方机关事务管理部门是否与高校合作成立机关事务研究中心的相关数据，笔者结合调研与相关人员访谈资料整理获得。

（2）外部压力

对于外部压力这一变量，本书选择多值模糊集校准方法。对于机关事务管理体制改革这一领域而言，诸如中央纪委国家监委对违反中央八项规定精神问题事件的公开曝光、审计署公开的"三公经费"使用情况审计报告、官方媒体对相关事件的新闻报道等都可以视作政策执行外部压力的来源。然而，需要强调的是，正因为构成性政策大多为政府内部的行政行为，政府在机关事务管理体制改革问题上对外部压力的敏感性极可能低于在规制性政策等其他类型政策上的敏感性。因此，本书认为，只有当政府主观上对公共问题普遍具有较高的回应性时，外部压力才会对构成性政策执行（或者说政府行为）产生实质性影响。这样，"政府回应性"便可以成为校准"外部压力"这一变量的情境设置条件。那么政府回应性在什么水平时，外部压力会对政策执行绩效产生实质性影响呢？由此，对变量的校准便转化为对政府回应性的校准。关于各地方政府回应性的相关数据，笔者通过采集人民网"领导留言板"上各地方历史留言总量与历史回复总量，计算得出各地方政府回应性[1]，并采用间接法对政府回应性进行校准。首先根据上四分位数、中位数以及下四分位数将政府回应性划分为四个隶属级别[2]，并对各样本的目标集隶属度进行初步估计；其次利用分段对数模型对隶属度进行校准。具体而言，本书将政府回应性不小于下四分位数的地方样本

① 地方政府回应性=地方历史回复总量/地方历史留言总量。数据来源参见 http://liuyan.people.com.cn/home? p=0。
② 根据费斯（Fiss）的研究，校准过程需考虑样本数据的分布特点。参见 Peer C. Fiss, "Building Better Causal Theories: A Fuzzy Set Approach to Typologies in Organization Research", *Academy of Management Journal* 54, No. 2 (2011): 393-420。

的假定隶属度划分为完全隶属；将政府回应性小于下四分位数且大于等于中位数的地方样本的假定隶属度划分为偏隶属；将政府回应性小于中位数且大于等上四分位数的地方样本的假定隶属度划分为偏不隶属；将政府回应性小于上四分位数的地方样本的假定隶属度划分为完全不隶属（见表3.4）。

表 3.4　政府回应性隶属度分级及取值标准

项目		取值标准
个案数（个）	有效	30
	缺失	0
隶属级别划分标准	上四分位数	0.3794
	中位数	0.5688
	下四分位数	0.6789
假定隶属度取值标准	完全隶属	≥0.6789
	偏隶属	[0.5688, 0.6789)
	偏不隶属	[0.3794, 0.5688)
	完全不隶属	<0.3794

资料来源：笔者根据人民网"领导留言板"下的"地方领导"栏数据整理，参见 http://liuyan.people.com.cn/home? p=0。

至此，本书完成了关于构成性政策执行绩效的 7 个条件变量及 1 个结果变量的校准工作，校准后各样本集合隶属分数见表 3.5。

表 3.5　构成性政策相关变量校准后各样本集合隶属分数

地区	财政资金	关系资本	中央支持	制度基础	制度激励	专家参与	外部压力	履职数量
北京	0	0	1	1	1	0	0.86	0.88
天津	1	0	0	1	0	1	0.83	0.73
河北	1	0	0	1	0	0	0.21	0.50
山西	1	1	1	1	1	1	0.52	0.73
内蒙古	1	0	1	1	1	1	0.18	0.32
辽宁	1	0	1	1	0	0	0.75	0.73
吉林	1	0	0	1	0	1	0.36	0.88

地区	财政资金	关系资本	中央支持	制度基础	制度激励	专家参与	外部压力	履职数量
黑龙江	0	1	0	1	0	1	0	0.88
上海	1	0	1	1	1	1	0	0.73
江苏	1	0	1	1	0	1	0	0.73
浙江	1	0	0	1	1	1	0.01	0.88
安徽	0	0	0	1	1	1	1	0.73
福建	1	0	1	0	1	1	0.82	0.95
江西	1	1	0	1	1	1	0.29	0.10
山东	1	0	0	1	1	1	0.46	0.50
河南	0	0	0	1	0	0	0.99	0.73
湖北	1	1	1	1	0	1	0.66	0.32
湖南	1	0	1	1	0	1	0.04	0.73
广东	0	0	1	0	1	1	0.11	0.05
广西	1	0	1	1	1	0	0.79	0.50
海南	1	0	0	0	0	0	0.44	0.18
重庆	1	0	1	1	0	0	0.06	0.18
四川	1	1	1	1	1	1	1	0.73
贵州	1	0	0	1	0	1	0.65	0.05
云南	1	1	1	1	0	1	0.93	0.88
陕西	1	0	0	1	1	1	0.94	0.32
甘肃	0	0	0	1	0	1	0.89	0.73
青海	0	0	0	0	0	0	0.54	0.05
宁夏	1	0	0	0	0	1	0.55	0.05
新疆	0	1	1	1	0	0	0.12	0.32

资料来源：笔者自制。

第三节　研究发现与讨论

一　构成性政策执行绩效：由多因素共同作用的结果

模糊集定性比较分析方法通过计算一致性与覆盖度评估集合关系。一致性（consistency）测量共享条件变量或条件变量组合的案例在影响特定结果方面的一致程度。当一致性大于 0.8 时，可认为条件变量是结果变量的充分条件；当一致性大于 0.9 时，可认为条件变量是结果变量的必要条件。一致性计算公式为：

$$\text{consistency}\left(\sqrt{X_i \leqslant Y_i}\right) = \sqrt{\sum\left[\min(X_i, Y_i)\right]} / \sum(X_i)$$

覆盖度（coverage）则评估条件变量或条件变量组合对结果集合的解释程度。覆盖度越大，说明条件变量在经验上对结果变量的解释力越大。需要强调的是，当多条路径均可以导致相同结果时，覆盖度可能很小。换言之，覆盖度反映的只是经验上的相关性。[①] 覆盖度计算公式为：

$$\text{coverage}\left(\sqrt{X_i \leqslant Y_i}\right) = \sqrt{\sum\left[\min(X_i, Y_i)\right]} / (\sum Y_i)$$

通过 fsQCA 3.0 软件，本书分别对构成性政策 7 个条件变量的必要性进行分析。由表 3.6 可见，制度基础这一条件变量的一致性大于 0.9，表明具有健全的制度基础是构成性政策得以高效执行的必要条件。除此之外，其他条件变量的一致性均小于 0.9，表明这些条件变量无法独立影响构成性政策执行绩效。这也证明单一条件变量与构成性政策执行绩效之间并非线性关系，构成性政策执行绩效是由多因素共同作用的结果。因此，本书将对构成性政策得以高效执行的组态进行分析，并探究多重条件变量之间的联动机制。

表 3.6 构成性政策单一条件变量必要性分析

项目	构成性政策高效执行		构成性政策低效执行	
条件变量	一致性	覆盖度	一致性	覆盖度
财政资金	0.73	0.53	0.74	0.47
~财政资金	0.27	0.55	0.26	0.45
关系资本	0.25	0.57	0.22	0.43
~关系资本	0.75	0.53	0.78	0.47

---

① Charles C. Ragin, *Redesigning Social Inquiry: Fuzzy Sets and Beyond* (Chicago: University of Chicago Press, 2008).

项目	构成性政策高效执行		构成性政策低效执行	
条件变量	一致性	覆盖度	一致性	覆盖度
中央支持	0.55	0.59	0.45	0.41
~中央支持	0.45	0.49	0.55	0.51
制度基础	0.92	0.59	0.73	0.41
~制度基础	0.08	0.26	0.27	0.74
制度激励	0.46	0.57	0.40	0.43
~制度激励	0.54	0.51	0.60	0.49
专家参与	0.79	0.58	0.66	0.42
~专家参与	0.73	0.42	0.34	0.58
外部压力	0.27	0.70	0.56	0.52
~外部压力	0.25	0.53	0.68	0.63

结果变量：机关事务统一管理政策执行绩效

资料来源：笔者自制。

二 "环境依赖"的适配联动：构成性政策高效执行的实现路径

将案例频数阈值设置为 1、原始（Raw）一致性阈值设置为 0.9、PRI 一致性阈值设置为 0.7，本书构建的构成性政策得以高效执行的部分真值表如表 3.7 所示。利用 fsQCA 3.0 软件对真值表进行分析会得出三种解：复杂解（complex solution）、简单解（parsimonious solution）与中间解（intermediate solution）。本书选择中间解对导致结果的条件组合进行讨论。[1] 中间解结果见表 3.8。中间解的总体一致性为 0.96，这表明对于满足 4 条路径的所有案例而言，有 96% 的地方政府具有较高的构成性政策执行绩效。

---

[1] 拉金指出，因为鲜有简化，复杂解可能非常复杂，给解释带来困难；简单解因纳入了众多反事实组合，使其得到的解释可能不切实际。作为复杂解的超集、简单解的子集，中间解在两者之间取得平衡，因此一般而言它成为首选。参见 Charles C. Ragin, *Redesigning Social Inquiry：Fuzzy Sets and Beyond*（Chicago：University of Chicago Press, 2008）。

表 3.7　构成性政策高效执行的部分真值表（未显示逻辑余项）

财政资金	关系资本	中央支持	制度基础	制度激励	专家参与	外部压力	履职数量
0	0	1	1	1	0	1	1
1	0	1	0	1	1	1	1
1	0	1	1	0	1	1	1
1	0	0	1	1	1	0	1
0	1	0	1	0	1	0	0
1	1	1	1	1	1	1	0
0	0	0	1	0	1	1	0
1	0	1	1	0	1	0	0
1	1	1	1	0	1	1	0
1	0	0	1	0	1	0	0
0	0	0	1	0	0	1	0
0	0	0	1	1	1	1	0
1	0	0	1	0	0	0	0
1	0	1	1	1	0	1	0
1	0	0	1	0	1	1	0
1	0	1	1	1	1	0	0
1	0	0	1	1	1	1	0
0	1	1	1	0	0	0	0
1	0	0	0	0	0	0	0
1	0	1	1	0	0	0	0
1	1	0	1	1	1	0	0
0	0	0	0	0	0	1	0
1	0	0	0	0	0	0	0
0	0	1	0	1	1	0	0

资料来源：笔者自制。

表 3.8　构成性政策高效执行的组态——中间解

组态	原始覆盖度	净覆盖度	一致性
财政资金 * ~关系资本 * ~中央支持 * 制度基础 * 制度激励 * 专家参与 * ~外部压力	0.089	0.089	0.91
财政资金 * ~关系资本 * 中央支持 * 制度基础 * 专家参与 * 外部压力	0.059	0.048	0.98
财政资金 * ~关系资本 * 中央支持 * 制度激励 * 专家参与 * 外部压力	0.062	0.051	1
~财政资金 * ~关系资本 * 中央支持 * 制度基础 * 制度激励 * ~专家参与 * 外部压力	0.053	0.053	1

总体覆盖度：0.25；总体一致性：0.96

资料来源：笔者自制。

对组态的分析要引入核心要素与边缘要素。核心要素是本质且不可或缺的；边缘要素相对而言具有可替代性。两者相比，核心要素与结果的因果关系更强。简单解中的条件是具有决定性的核心条件，中间解中新增的条件则是一些补充性的辅助条件，对结果具有促进作用。[①] 通过比较简单解与中间解，本书得出构成性政策高效执行的组态（见表 3.9）。

表 3.9　构成性政策高效执行的组态

项目	环境主导型		组织主导型	环境型
	组态 1a	组态 1b	组态 2	组态 3
资源条件				
财政资金	●	●	●	
关系资本				
组织条件				
中央支持	⬤	⬤		⬤
制度基础		●	●	●
制度激励	●		⬤	●

---

① Peer C. Fiss, "Building Better Causal Theories: A Fuzzy Set Approach to Typologies in Organization Research", *Academy of Management Journal* 54, No. 2 (2011): 393-420.

项目	环境主导型		组织主导型	环境型
	组态 1a	组态 1b	组态 2	组态 3
社会条件				
专家参与	●	●	•	
外部压力	●	●		•
一致性	1	0.98	0.91	1
原始覆盖度	0.062	0.059	0.089	0.053
净覆盖度	0.051	0.048	0.089	0.053
总体一致性	0.96			
总体覆盖度	0.25			

注：●或 • 表示该条件存在，“空白”表示构型中该条件可存在、可不存在；● 表示核心条件，• 表示辅助条件。

资料来源：笔者自制。

（一）环境主导型

组态 1 表明，无论执行主体具有的关系资本丰富与否，只要外部压力较强，同时其负责的政策议题获得较强的中央支持及有充分的专家参与，那些具有较为丰富的财政资金、较为健全的制度基础或明确的制度激励的地方政府便可以推动构成性政策高效执行。其中，中央支持、专家参与及外部压力具有更为核心的作用，而财政资金与制度激励或制度基础则发挥辅助作用。这意味着中央支持与社会条件的匹配联动在促进构成性政策执行绩效提高方面发挥更为重要的作用。虽然该组态下资源、组织、社会三类条件均或多或少地发挥了促进构成性政策执行绩效提高的作用，但组织条件与社会条件二者明显发挥了更为核心的作用，因此，本书将这一组态称为“环境主导型”。代表案例为福建和辽宁。

（二）组织主导型

组态 2 表明，无论执行主体是否具有丰富的关系资本、政策议题是否获得较强的中央支持与外部压力，只要省级政府具有健全的制度基础、明确的制度激励，且专家广泛参与有关政策议题的讨论，那些具有较为丰富财政资金的地方政府便可以推动构成性政策高效执行。其中，制度激励具有更为核心的作用，财政资金、制度基础与专家参与则发挥辅助作用。这意味着在制度激励的主导下，财政资金、专家参与、制度基础与其联动会有效促进构成性政策执行绩效的提高。该组态下资源、组织、社会三类条件均对促进构成性政策执行高绩效发挥不同程度的作用，其中组织条件的作用更为显著，因此，本书将这一组态称为"组织主导型"。代表案例为浙江和山东。

（三）环境型

组态 3 表明，无论执行主体具有的资源是否丰富，专家是否广泛参与到政策议题的讨论中去，只要政策议题获得较强的中央支持及外部压力，且省级政府具有健全的制度基础和明确的制度激励，那么地方政府便可以推动构成性政策高效执行。其中，中央支持发挥核心作用，制度基础、制度激励与外部压力则发挥辅助作用。这意味着组织条件与外部压力的匹配联动可以有效促进构成性政策执行绩效的提高。由于该组态下仅有组织与社会条件发挥作用，因此，本书将这一组态称为"环境型"。代表案例为北京。

从上述三类组态中可以看出，构成性政策执行实现高绩效的联动机制表现出较为明显的"环境依赖"特性，即处在良好环境要素下的地方政府往往可以依靠组织与社会条件的适配联动克服资源不足的困境，进而促进政策执行绩效的提高。

"因果非对称性"是模糊集定性比较分析方法的基本假设[1]，这意味着当我们运用该方法分析政策执行绩效的影响因素时，需要对高绩效与低绩效得以形成的条件组合分别进行解释。换言之，政策低效执行的原因并不能等同于政策高效执行形成原因的反面。因此，为了更加深入地了解构成性政策执行绩效的影响机制，本书还将对导致构成性政策低效执行的条件组合进行分析。

表 3.10 为导致构成性政策低效执行的 3 个组态。组态 1 表明，无论执行主体具有的资源条件及其所处的社会条件如何，只要缺少较强的中央支

---

[1]　Peer C. Fiss，"Building Better Causal Theories: A Fuzzy Set Approach to Typologies in Organization Research"，*Academy of Management Journal* 54，No. 2（2011）：393–420.

持及健全的制度基础，构成性政策便难以高效执行。代表案例为宁夏和海南。组态 2 表明，无论执行主体所处的组织条件如何，也无论专家是否广泛参与政策议题的讨论，只要执行主体资源条件较差，且关于政策议题的外部压力较小，构成性政策便会低效执行。代表案例为广东。组态 3 表明，无论执行主体具有的资源条件如何，也无论其所处的社会条件如何，只要缺少较强的中央支持，地方政府的构成性政策执行便会陷入低效困境。代表案例为江西。

表 3.10　构成性政策低效执行的组态

项目	组态 1	组态 2	组态 3
资源条件			
财政资金		⊗	
关系资本		⊗	
组织条件			
中央支持	⊗		⊗
制度基础	⊗		
制度激励			
社会条件			
专家参与			
外部压力		⊗	
一致性	0.91	1	1
原始覆盖度	0.198	0.062	0.053
净覆盖度	0.186	0.051	0.053
总体一致性	0.93		
总体覆盖度	0.29		

注：⊗表示该条件不存在，"空白"表示构型中该条件可存在、可不存在。

资料来源：笔者自制。

由此可见，一方面，资源条件与社会条件的共同缺失会导致构成性政策执行的低绩效；另一方面，仅组织条件不利便足以使构成性政策执行陷入低效困境。这也从反面印证了组织条件对构成性政策执行绩效具有至关重要的影响。

结合笔者对各地方机关事务管理部门的调研也可以再次验证情境要素对构成性政策执行绩效的重要影响。在政府职能重叠与交叉的大背景下，作为政府的"弱势部门"，机关事务管理部门实现管理体制改革的难度不言而喻。Y省机关事务管理局领导无奈地说道：

> 都说"有为才能有位"，但目前这种情况，我们能做的太少了！"三定方案"跟我们网上公布的那些职能内容差别挺大的，省财政局那里我们协调不来（职能），大家对于"统一管理"也都挺迷茫的，不知道该怎么有为。今天也借着这个机会，让国管局的领导给我们指导一下，靠我们自己真是没有什么方向。①

在谈到与地方高校成立研究中心的初衷时，H省机关事务管理局领导说道：

> 2017年，我们和W大学合作成立机关事务管理研究中心，我们希望通过课题合作的方式，让专家给我们把把脉，帮我们及时发现问题，再给我们多出出主意。我相信专家的专业意见可以帮助我们更好地提高机关事务工作治理体系与治理能力现代化水平。②

C市机关事务统一管理工作成效十分突出，由其负责的办公用房标准化工作被纳入国家级试点，成为全国唯一一个参与此项试点的地级市。访谈中，C市机关事务管理局局长说道：

> 权属统一是管理体制统一的基础。我们通过市委政府领导批准直接对权证不齐的房产进行确权，之前本该由我们管，但由财政（局）负责的事，我们都理过来了。省里是六统一管理，我们直接实现七统一。近几年我们陆续建立了20多项标准体系，包括200多项明细项目，这些都是我们工作的基础。有了这些，大家工作就有了依据。在目标

---

① 访谈资料：20180431。
② 访谈资料：20180325。

责任制考核中成绩也提升了不少，大家的积极性也变高了。[①]

三 互补性与替代性分析：实现构成性政策高效执行的中国经验

通过不同组态构型的对比分析，我们可以识别出不同条件变量间的互补与替代关系。替代性与互补性是描述条件变量间关系的概念。其中，替代性通常表明不同条件变量发挥的作用相同，可以相互取代；互补性则指不同条件变量倾向于以合作的形式共同发挥作用。[②]

第一，通过对比组态 1 和组态 3 可以发现，较强的中央支持与外部压力之间存在互补关系（见图 3.1）。第二，通过对比组态 1a 和组态 1b 可以发现，对于财政资金较为充裕的地方政府而言，当政策议题获得较强的中央支持、外部压力及广泛的专家参与时，制度基础与制度激励存在替代关系（见图 3.2）。第三，通过比较组态 1 和组态 2 可以发现，对于财政资金较为充裕的地方政府而言，当政策议题受到广泛的专家参与，且具有健全的制度基础或明确的制度激励时，中央支持和外部压力的条件组合与制度激励或制度基础具有替代关系（见图 3.3）。第四，通过比较组态 1 和组态 2 还可以看出，充裕的财政资金与广泛的专家参与之间存在互补关系（见图3.4）。第五，通过比较组态 1 和组态 3 还可以看出，当政策议题获得较强的中央支持和外部压力，且具有健全的制度基础或明确的制度激励时，财政资金和专家参与的条件组合与制度激励或制度基础存在替代关系（见图 3.5）。

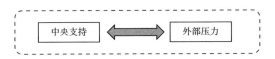

图3.1 组织与社会条件的互补关系

通过图 3.3 和图 3.5 可以看出，作为组织条件，制度基础与制度激励具有重要的作用。因为二者只有在多重条件组合起来时才能发挥作用。这表

---

① 访谈资料：20190419。

② Peer C. Fiss, "Building Better Causal Theories: A Fuzzy Set Approach to Typologies in Organization Research", *Academy of Management Journal* 54, No. 2 (2011): 393-420.

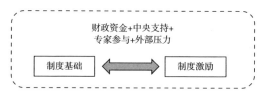

图 3.2　组织条件内部的替代关系

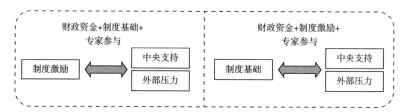

图 3.3　组织与"组织+社会"条件的替代关系

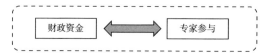

图 3.4　资源与社会条件的互补关系

图 3.5　组织与"资源+社会"条件的替代关系

明，对于构成性政策而言，地方政府较高的制度化水平是提高政策效能更为重要的条件。只有通过明确、健全的制度安排，保障制度的刚性约束力，才能实现构成性政策高效执行，进而实现国家治理的规范化与程序化。

　　另外，可以从两方面对"中央支持与外部压力具有互补关系"这一发现进行理解。一方面，与西方以法理型权威为政权合法性基础相比，以卡里斯玛型权威为政权合法性基础的中国共产党需承担国家发展的无限责任，执政党也持续保持着较强的绩效合法性压力，有着"不能失败"的逻辑。这使得国家对潜在的统治风险异常敏感。统治风险主要包括"国家分裂、社会暴动、革命"等直接统治风险，以及"社会经济失序与波动引起的社会不满情绪"等间接统治风险。[①] 因此，人民的关切成为中央决定是否支持某地政策议题发展的核心依据。换言之，只有充分结合人民利益的中央支持才能真正促进政策执行绩效的提高。另一方面，两者的互补关系也在一定程度上反映了地方政府对社会监督的直接回应性不足，回应路径呈现"钟摆式"特点，[②] 即外部压力不能直接作用于地方政府公共政策执行，而是要通过中央政府"自上而下"的压力传递对地方政府的回应性进行调节，才能推动政策高效执行。

第四节　本章小结

机关事务工作是政府工作的重要组成部分，为保证党政机关实现有效运转，发挥枢纽性作用。党的十八大以来，机关事务管理工作虽取得一定进展，但在管理体制方面存在的问题依然显著，机关事务管理体制改革迫在眉睫。作为行政管理体制改革的重要领域，机关事务统一管理不仅关乎国家治理体系和治理能力现代化的推进，也关乎服务型政府的建立。根据2012年国务院出台的《机关事务管理条例》（国务院令第621号）要求，中国各个地方政府先后成立了省级机关事务管理部门，但各地方主管部门承担的职能范围均小于《机关事务管理条例》的规定，且存在显著差异。可见，机关事务统一管理的现代化进程在各地发展出各式各样的形态，取得了迥异的阶段性成果。究竟是执行主体具有的资源要素，还是其所处的环境要素对地方政府推进机关事务管理体制改革更为重要？不同条件之间的联动机制为何？

为了回答上述问题，本章以机关事务管理体制改革为例考察构成性政

---

① 周黎安：《转型中的地方政府：官员激励与治理》，格致出版社、上海人民出版社，2008，第63~64页。

② 邵梓捷、杨良伟：《"钟摆式回应"：回应性不足的一种解释——基于S市地方领导留言板的实证研究》，《经济社会体制比较》2020年第1期。

策的执行绩效，利用模糊集定性比较分析方法，从资源、组织、社会3个一级条件中提取7个二级条件，对影响中国构成性政策执行绩效的组态进行探析。

研究结果表明，地方政府可以通过3条路径实现构成性政策高效执行，分别为环境主导型、组织主导型、环境型。其中，"环境主导型"意味着组织和社会条件在促进地方政府实现构成性政策高效执行上发挥核心作用，而资源条件则发挥辅助作用。"组织主导型"意味着组织条件在促进地方政府实现构成性政策高效执行上发挥主导作用，而资源及社会条件则发挥边缘作用。"环境型"则表明资源条件在促进地方政府实现构成性政策高效执行上未发挥作用，政策执行高绩效的实现完全依赖良好的组织及社会条件。通过对比整合可以看出，地方政府推动构成性政策高效执行的联动机制表现出较为明显的"环境依赖"特性，即处在良好环境要素下的地方政府往往可以依靠组织与社会条件的适配联动克服资源不足的困境，进而促进政策执行绩效的提高。此外，研究还对导致构成性政策低效执行的组态进行分析，结果也从反面证实了组织条件对构成性政策执行绩效具有至关重要的影响。

通过比较分析不同组态构型，研究发现，中央支持与外部压力在构成性政策执行中表现出较强的互补关系。同时，制度基础与制度激励对构成性政策执行绩效有着重要影响。

第四章　规制性政策高效执行的影响机制：以节能减排政策为例

　　改革开放以来，中国经济实现了跨越式发展，为公共服务水平的提高与公共问题的治理提供了资本保障。与此同时，工业化与城市化的快速推进却对生态环境造成了巨大的压力，增加了污染治理的成本。在日益严重的环境问题压力下，如何推进生态文明建设，促进经济可持续发展成为实现人与自然和谐共生的重要议题。20世纪80年代，环境保护被确立为中国的基本国策之一，① 中央政府自2006年"十一五"规划开始将环境保护正式纳入政府五年规划的重要内容。自党的十八大将生态文明建设纳入"五位一体"总体布局的重要组成部分以来，促进生态发展、绿色发展日益成为政府关注的焦点，中国环保政策力度与投入更是不断加大，生态环境质量得到持续提升：火电超低排放改造比例达到80%以上；煤炭在能源消费中的占比从约70%降至59%；在全国设立1436个大气环境质量监测点位；提前实现联合国《生物多样性公约》提出的到2020年保护地面积达到17%的目标……② 诚然，近年来中国在环境保护领域实现了一定程度的突破，但是在具体的政策实践中，环保政策执行仍存在诸如"共谋行为""挪用专项资金""套关系""做作业"等负面问题③，环保任务依然艰巨，资源环境

---

① 参见生态环境部《第二次全国环境保护会议》，http：//www.mee.gov.cn/zjhb/lsj/lsj_zyhy/201807/t20180713_446638.shtml。

② 高敬：《提升生态文明　建设美丽中国——回顾70年中国生态环境保护成效》，https：//baijiahao.baidu.com/s? id=1646027052672473492&wfr=spider&for=pc。

③ 冉冉：《中国环境政治中的政策框架特征与执行偏差》，《教学与研究》2014年第5期；姚荣：《府际关系视角下我国基层政府环境政策的执行异化——基于江苏省S镇的实证研究》，《经济体制改革》2013年第4期；陈宇、同倩倩、王洛忠：《府际关系视角下区域环境政策执行偏差研究——基于博弈模型的分析》，《北京理工大学学报》（社会科学版）2019年第5期。

问题仍然是中国经济社会发展的瓶颈之一①。由此，党的十九大报告强调，建设生态文明是中华民族永续发展的千年大计，应加大力度推进绿色发展，着力解决突出的环境问题，到 2035 年实现生态环境的根本好转。②

作为实现环境保护目标的重要措施之一，节能减排政策受到学界的普遍关注。部分研究从规范性角度分析节能减排的必要性与内在动力③，运用科学方法对节能减排政策效果进行评估④，并分析节能减排政策存在的缺陷及面临的执行困境⑤，进而探究有效激发节能减排潜力的路径⑥。陈诗一将节能减排政策视为自变量，探究节能减排政策对中国经济发展的影响。⑦ 王班班和齐绍洲将节能减排政策分为市场型与命令型两种，讨论两类政策工具对中国节能减排技术创新的影响。⑧ 此外，还有部分学者对影响节能减排政策执行的制度因素进行分析。⑨

① 《国务院关于印发"十三五"节能减排综合工作方案的通知》，http：//www. pkulaw. cn/ fulltext_form. aspx? Db = chl&Gid = d31508a102c2ee5dbdfb&keyword = 国务院关于印发"十三五"节能减排综合工作 &EncodingName = &Search_Mode = accurate&Search_IsTitle = 0。

② 《习近平：决胜全面建成小康社会 夺取新时代中国特色社会主义伟大胜利——在中国共产党第十九次全国代表大会上的报告》，http：//www. xinhuanet. com/politics/2017 - 10/27/c_ 1121867529. htm。

③ 蔡昉、都阳、王美艳：《经济发展方式转变与节能减排内在动力》，《经济研究》2008 年第 6 期；张卓元：《以节能减排为着力点推动经济增长方式转变》，《经济纵横》2007 年第 15 期。

④ 饶清华、邱宇、许丽忠、张江山、蔡如钰、赵扬：《基于多目标决策的节能减排绩效评估》，《环境科学学报》2013 年第 2 期；魏楚、杜立民、沈满洪：《中国能否实现节能减排目标：基于 DEA 方法的评价与模拟》，《世界经济》2010 年第 3 期；储莎、陈来：《基于变异系数法的安徽省节能减排评价研究》，《中国人口·资源与环境》2011 年第 1 期。

⑤ Jia H. Yuan, Jun J. Kang and Cong Yu, "Energy Conservation and Emissions Reduction in China： Progress and Prospective", *Renewable and Sustainable Energy Reviews* 15, No. 9 (2011)：4334- 4347；Yu R. Zhang and Yuan F. Wang, "Barriers' and Policies' Analysis of China's Building Energy Efficiency", *Energy Policy* 62 (2010)：768-773.

⑥ 何小钢、张耀辉：《技术进步、节能减排与发展方式转型——基于中国工业 36 个行业的实证考察》，《数量经济技术经济研究》2012 年第 3 期。

⑦ 陈诗一：《节能减排与中国工业的双赢发展：2009—2049》，《经济研究》2010 年第 3 期。

⑧ 王班班、齐绍洲：《市场型和命令型政策工具的节能减排技术创新效应——基于中国工业行业专利数据的实证》，《中国工业经济》2016 年第 6 期。

⑨ Zhao G. Zhang, Xiao C. Jin and Qing X. Yang, "An Empirical Study on the Institutional Factors of Energy Conservation and Emissions Reduction：Evidence from Listed Companies in China", *Energy Policy* 57 (2013)：36-42；刘政文、唐啸：《官员排名赛与环境政策执行——基于环境约束性指标绩效的实证研究》，《技术经济》2017 年第 8 期。

为了研究需要，本书将节能减排政策执行绩效视作结果变量，试图在分析框架下，通过模糊集定性比较分析方法探究影响地方政府节能减排政策落实程度差异的条件变量及变量间的联动机制。具体而言，本书以节能减排这一具体领域为例，将 2016 年国务院出台的《"十三五"节能减排综合工作方案》（简称《工作方案》）中对各地方节能减排做出的相关规定视为政策目标，将 2016～2018 年各地方政府能耗强度降低的实际完成度视为 2016 年出台《工作方案》的执行绩效，考察全国 30 个省（区、市）①在《工作方案》颁布 3 年来的执行情况，探究各地能耗强度降低目标完成度存在差异的原因，进而对影响规制性政策执行绩效的核心条件与联动机制进行分析。

第一节　作为规制性政策的节能减排政策

一　节能减排政策的背景与内容

节能减排主要指节约能源和减少环境有害物排放。②虽然"节能减排"这一概念是由 2006 年"十一五"规划正式提出，但自 20 世纪 80 年代起，关乎节能减排工作的一系列政策就已经陆续出台。1990 年颁布的《节约能源监测管理暂行规定》提出设立国家及地方节能监测中心的要求，中心需对用热、用电、用油情况及用能产品的能耗进行检测及评价，并对国家公布的淘汰机电产品监督其更新改造。③1997 年全国人大常委会通过《中华人民共和国节约能源法》，该法于 2007 年被修订，正式将节约能源确立为中国的基本国策，并实施节约与开发并举、把节约放在首位的

---

① 样本中不包括西藏自治区及港澳台地区。
② 张国兴、高秀林、汪应洛、郭菊娥、汪寿阳：《中国节能减排政策的测量、协同与演变——基于 1978—2013 年政策数据的研究》，《中国人口·资源与环境》2014 年第 12 期。
③ 参见国家发展和改革委员会（含原国家发展计划委员会、原国家计划委员会）《节约能源监测管理暂行规定》，http：//www.pkulaw.cn/fulltext_form.aspx？Db＝chl&Gid＝ab17f7b514232c75bdfb&keyword＝节约能源监测管理暂行规定 &EncodingName＝&Search_Mode＝accurate&Search_IsTitle＝0。

能源发展战略。① 随着经济发展与资源环境之间的矛盾日益凸显，中央政府对环境保护工作的重视程度日益提高，关于节能减排工作的各项专项规划也陆续出台。其中，"十一五"规划提出"节能减排"概念，并将节能减排纳入具有法律效力的约束性指标中去："十一五"期间单位国内生产总值能耗降低 20% 左右，主要污染物排放总量减少 10%。② 与预期性指标主要依靠市场主体自主行为实现的特点不同，约束性指标更加强调政府责任，要求政府通过资源的合理配置和权力的有效运作来保障约束性指标的实现。由于"十一五"规划实施的第一年节能减排目标未能实现，节能减排工作面临的形势越发严峻。因此，2007 年国务院颁布了《节能减排综合性工作方案》，将约束性指标进一步具体化，并对需要淘汰的落后产能进行规定。③

诚然，自"十一五"规划实施以来，节能减排工作取得较大程度的进展。"十二五"期间，全国单位国内生产总值能耗降低 18.4%，化学需氧量、二氧化硫、氨氮、氮氧化物等排放量也实现了降低目标。④ 但随着经济发展进入新常态，工业化、城镇化的加快使得消费结构逐步升级，中国能源的刚性需求依然处于持续增长的阶段。与西方发达国家相比，中国单位国内生产总值能耗仍然较高，节能减排任重道远。由表 4.1 可见，2015 年中国万元国内生产总值能耗为 0.37 吨标准煤，为美国或经合组织的 2 倍有余。因此，落实节能减排政策，积极促进环境保护不仅有助于实现中国经济与环境的协调发展，更是切实履行中国作为负责任大国的国际责任的重

---

① 参见《中华人民共和国节约能源法》，http：//www. pkulaw. cn/fulltext _ form. aspx？Db ＝ chl&Gid ＝ 1158626d7d4ebc22bdfb&keyword ＝ 中华人民共和国节约能源法 &EncodingName ＝ &Search_Mode ＝ accurate&Search_IsTitle ＝ 0；全国人大常委会《中华人民共和国节约能源法（2007 修订）》，http：//www. pkulaw. cn/fulltext _ form. aspx？Db ＝ chl&Gid ＝ b9dbeaadd7aba 9ddbdfb&keyword ＝ 中 华 人 民 共 和 国 节 约 能 源 法 &EncodingName ＝ &Search _ Mode ＝ accurate&Search_IsTitle ＝ 0。

② 参见《中华人民共和国国民经济和社会发展第十一个五年规划纲要》，http：//www. pkulaw. cn/fulltext_form. aspx？Db ＝ chl&Gid ＝ 62f50194a99f4ce8bdfb&keyword ＝ 国民经济和社会发展第十一个五年规划纲要 &EncodingName ＝ &Search_Mode ＝ accurate&Search_IsTitle ＝ 0。

③ 参见《国务院关于印发节能减排综合性工作方案的通知》，http：//www. gov. cn/gongbao/ content/2007/content_663662. htm。

④ 参见《国务院关于印发"十三五"节能减排综合工作方案的通知》，http：//www. pkulaw. cn/fulltext_form. aspx？Db ＝ chl&Gid ＝ d31508a102c2ee5dbdfb&keyword ＝ 国务院关于印发"十三五"节能减排综合工作 &EncodingName ＝ &Search_Mode ＝ accurate&Search_IsTitle ＝ 0。

要表现，对塑造积极的国际形象具有重要战略意义。

表 4.1 2015 年世界主要国家和地区能源消耗情况

项目	中国	美国	经合组织
国内生产总值（现价万亿元）	76.2065	126.0354	324.4171
能源消耗（万吨标准煤）	281434.2	215718.6	520010.4
单位 GDP 能耗（吨标准煤/万元）	0.37	0.17	0.16

资料来源：笔者根据世界银行和国际能源署数据计算整理，参见世界银行，https://data.worldbank.org.cn；国际能源署，https://www.iea.org。

2016 年 12 月 20 日，在"十三五"规划安排下，国务院颁布《工作方案》，规定实施能源消耗总量和强度"双控"行动，即在降低能耗强度的同时，要对能耗总量进行控制。与"十一五""十二五"规划制定的整体性目标不同，"十三五"规划为地方政府分别设定了"双控"目标。自 2016 年国务院出台《工作方案》起，各地方政府纷纷出台了地方节能减排综合工作方案。需要指出的是，北京市于 2016 年 8 月 7 日率先出台《北京市"十三五"时期节能降耗及应对气候变化规划》，成为全国唯一一个早于国务院出台相关政策的地方政府。2017 年上半年，包括广东、天津、陕西、吉林、辽宁、河北等在内的 16 个地方政府陆续出台地方节能减排综合工作方案，黑龙江、河南、湖南、上海等 12 个地方政府则于 2017 年下半年至 2018 年 5 月前完成地方节能减排政策制定工作。

在中央政府统一的政策安排下，地方政府纷纷上交节能减排"成绩单"。国家统计局等公布的 2016~2018 年《分省（区、市）万元地区生产总值能耗降低率等指标公报》的数据显示，截至 2018 年底，中国各省（区、市）在"十三五"期间能耗强度降低目标完成度存在显著差异。其中，吉林、安徽、河南、云南、青海、新疆 6 个地方政府提前完成"十三五"期间能耗强度降低目标。与上述形成鲜明对比的是，内蒙古于 2018 年、宁夏于 2017 年和 2018 年能耗强度不降反升，成为全国"十三五"期间能耗强度降低目标完成度垫底的两个地方政府。天津、河北、江苏、江西、山东等地方政府则稳步有序地促进能耗强度降低目标的实现，目标完成度在 90% 以上。

由此可见，尽管 2016 年国务院出台的《工作方案》为地方政府分别制定了节能减排"双控"目标，明确了目标责任及考核制度，并将考核结果视为领导班子和干部年度考核、任职考察、换届考察、绩效考核的重要依据，① 然而，通过实际数据的考察可以看出，虽然这一政策的强制性极高，但各地方政府在节能减排"双控"目标的完成度上取得了迥异的阶段性成果。有些地方提前完成目标任务，有些地方的能源消耗强度不降反升。为何各地节能减排目标完成度存在如此显著的差异？为探究这一原因，本书将 2016~2018 年各地方政府能耗强度降低的实际完成度视为 2016 年出台的《工作方案》的执行绩效，考察全国 30 个地方政府在《工作方案》颁布3 年来的执行情况，并对影响规制性政策执行绩效的核心条件与联动机制进行分析。

二 关于案例选择的说明

关于节能减排政策这一案例的选择是基于以下原因。

首先，根据洛伊的政策类型理论，规制性政策是强制发生可能性较高且直接作用于个体行为的一类政策。这类政策基于普遍的规则对某类个体的行为选择进行干预与控制，并对不服从规则行为的惩罚进行了规定。规制性政策往往会促进一部分群体的利益增加，同时抑制另一部分群体的利益增加，因此不同主体间的竞争及相对实力的变化会对政策施加影响。同时，由于规制性政策针对的是作为个体的个人或企业行为，因此对社会的预期影响是具体的。② 作为实现环境保护目标的关键措施之一，自"十一五"规划起，节能减排被纳入具有法律效力的约束性指标，因此节能减排政策的强制性极高。此外，节能减排政策旨在通过制定普遍的约束性规则对企业行为进行规制，其对社会的预期影响是具象且个体化

---

① 参见《国务院关于印发"十三五"节能减排综合工作方案的通知》，http://www.pkulaw. cn/fulltext_form. aspx？Db = chl&Gid = d31508a102c2ee5dbdfb&keyword = 国务院关于印发"十三五"节能减排综合工作 &EncodingName = &Search_Mode = accurate&Search_IsTitle = 0。

② Theodore J. Lowi，"Four Systems of Policy，Politics and Choice"，*Public Administration Review* 32，No. 4（1972）：298-310.

的。因此，节能减排政策属于典型的规制性政策，案例选择具有一定程度的代表性。

其次，关于中国环境保护政策执行的问题，学界进行了丰富且有益的研究。一方面，这有助于相关研究资料的获取；另一方面，由于相关研究在讨论这类政策执行绩效影响因素时尚存争议，这就为研究的深入提供了一定的空间。例如，部分研究认为，环保政策能否实现有效落实的核心在于中央能否进行有效激励[1]，激励主要可分为政治激励、晋升激励和财政激励[2]。中央通过权威运作影响官员的考核、任命与晋升，因此可以推动地方政府积极执行中央环保政策。[3] 与之相反，部分研究则指出，地方政府通过变通等策略可以有效规避目标责任带来的制度惩罚，因此，制度激励对地方政府环境保护绩效的提高并无显著作用。[4] 既有研究的碎片化及由此带来的理论与现实脱节问题使整合性研究的开展迫切且重要。

最后，选择节能减排政策作为研究案例具有较强的现实意义。党的十九届四中全会指出，"必须践行绿水青山就是金山银山的理念，坚持节约资源和保护环境的基本国策，坚持节约优先、保护优先、自然恢复为主的方针"[5]。可见，如何切实促进节能减排政策的落实，提高地方政府节能减排政策的执行绩效，对于实现经济社会可持续发展具有重要意义。

---

[1] Xiao Tang, Zheng W. Liu and Hong T. Yi, "Mandatory Targets and Environmental Performance: An Analysis Based on Regression Discontinuity Design", *Sustainability* 8, No. 9 (2016): 931.

[2] 任丙强：《地方政府环境政策执行的激励机制研究：基于中央与地方关系的视角》，《中国行政管理》2018 年第 6 期。

[3] 丁煌、李新阁：《干部考核作用下基层政府政策执行力的动力机制及其优化——以 A 省 B 市生态环保政策执行与考核为例》，《行政论坛》2019 年第 5 期；Maria Edin, "State Capacity and Local Agent Control in China: CCP Cadre Management from a Township Perspective", *The China Quarterly* 173 (2003): 35-52。

[4] Ran Ran, "Perverse Incentive Structure and Policy Implementation Gap in China's Local Environmental Politics", *Journal of Environmental Policy and Planning* 15, No. 1 (2013): 17-39；唐啸、胡鞍钢、杭承政：《二元激励路径下中国环境政策执行——基于扎根理论的研究发现》，《清华大学学报》（哲学社会科学版）2016 年第 3 期。

[5] 新华社：《中共中央关于坚持和完善中国特色社会主义制度　推进国家治理体系和治理能力现代化若干重大问题的决定》，http://www.gov.cn/zhengce/2019 - 11/05/content_5449023.htm。

第二节　变量设计与数据来源

一　结果变量的设计与校准

本书以"十三五"期间全国各地方政府节能减排政策的实施情况为例考察规制性政策的执行绩效。2016 年 12 月 20 日，国务院发布的《工作方案》要求，"十三五"期间，各地区应实施能耗总量与强度"双控"行动。其中，能耗总量控制是指与 2015 年相比，各地在"十三五"规划期间年度能耗增量不得高于一定单位标准煤；能耗强度控制是指在"十三五"规划的五年期间，各地需完成中央为各地方制定的单位地区生产总值能耗下降总目标。① 单位国内生产总值能耗是衡量地方政府节能减排工作绩效的重要指标，同时，与年度能耗增量控制目标相比，考察五年期间各地方能耗强度下降总目标覆盖的时间范围更长，对于衡量地方对中央节能减排政策的执行程度更为有益。因此，本书将地方"十三五"期间能耗强度降低率作为规制性政策执行绩效的代理变量。具体而言，本书首先计算 2016～2018年全国 30 个省（区、市）能耗强度降低率，进而根据《工作方案》为全国所有地方政府分别制定的能耗强度降低目标（见表 4.2）计算各地方"十三五"规划前三年的目标完成度②。本书对结果变量的描述性统计见表 4.3。关于各地方能耗强度下降的相关数据为笔者根据国家统计局等公布的 2016～2018 年《分省（区、市）万元地区生产总值能耗降低率等指标公报》整理获得。

---

① 《国务院关于印发"十三五"节能减排综合工作方案的通知》，http：// www. pkulaw. cn/
fulltext_form. aspx? Db = chl&Gid = d31508a102c2ee5dbdfb&keyword = 国务院关于印发"十三五"节能减排综合工作 &EncodingName = &Search_Mode = accurate&Search_IsTitle = 0。

② （2016 年地方万元地区生产总值能耗降低率 + 2017 年地方万元地区生产总值能耗降低率 + 2018 年地方万元地区生产总值能耗降低率）/"十三五"规划前三年地方能耗强度降低目标。

表4.2 "十三五"期间各地区能耗强度降低目标

单位：%

地区	"十三五"期间能耗强度降低目标	地区	"十三五"期间能耗强度降低目标
北京	17	河南	16
天津	17	湖北	16
河北	17	湖南	16
山西	15	广东	17
内蒙古	14	广西	14
辽宁	15	海南	10
吉林	15	重庆	16
黑龙江	15	四川	16
上海	17	贵州	14
江苏	17	云南	14
浙江	17	陕西	15
安徽	16	甘肃	14
福建	16	青海	10
江西	16	宁夏	14
山东	17	新疆	10

资料来源：《国务院关于印发"十三五"节能减排综合工作方案的通知》，http://www.pkulaw.cn/fulltext_form.aspx？Db=chl&Gid=d31508a102c2ee5dbdfb&keyword=国务院关于印发"十三五"节能减排综合工作&EncodingName=&Search_Mode=accurate&Search_IsTitle=0。

表4.3 规制性政策结果变量的描述性统计

单位：个，%

项目	个案数	最小值	最大值	平均值	标准差
地方能耗强度控制目标完成度	30	-0.443	1.553	0.839	0.434
有效个案数	30				

资料来源：笔者根据国家统计局等公布的2016~2018年《分省（区、市）万元地区生产总值能耗降低率等指标公报》整理。

本书将采用间接法对规制性政策的结果变量进行校准，目标集为规制性政策高效执行的地区集合。本书首先根据上四分位数、中位数以及下四分位数将各地方能耗强度控制目标完成度这一结果变量划分为四个隶属级别，并对各样本的目标集隶属度进行初步估计；其次利用分段对数模型对隶属度进行校准。具体而言，本书将能耗强度控制目标完成度不小于下四分位数的地方样本的假定隶属度划分为完全隶属；将能耗强度控制目标完成度小于下四分位数且大于等于中位数的地方样本的假定隶属度划分为偏隶属；将能耗强度控制目标完成度小于中位数且大于等于上四分位数的地方样本的假定隶属度划分为偏不隶属；将能耗强度控制目标完成度小于上四分位数的地方样本的假定隶属度划分为完全不隶属（见表4.4）。本书利用间接法对结果变量进行校准后，各样本集合隶属分数见表4.5。

表4.4　规制性政策结果变量隶属度分级及取值标准

项目		取值标准
个案数（个）	有效	30
	缺失	0
隶属级别划分标准	上四分位数	0.7210
	中位数	0.8961
	下四分位数	0.9987
假定隶属度取值标准	完全隶属	≥0.9987
	偏隶属	[0.8961, 0.9987)
	偏不隶属	[0.7210, 0.8961)
	完全不隶属	<0.7210

资料来源：笔者根据国家统计局等公布的2016~2018年《分省（区、市）万元地区生产总值能耗降低率等指标公报》整理。

表4.5　规制性政策结果变量校准后各样本集合隶属分数

地区	校准后隶属分数	地区	校准后隶属分数
北京	0.15	河南	1.00
天津	0.70	湖北	0.62
河北	0.54	湖南	0.79
山西	0.13	广东	0.06
内蒙古	0.01	广西	0.12
辽宁	0.01	海南	0.11
吉林	0.90	重庆	0.56
黑龙江	0.16	四川	0.49
上海	0.38	贵州	1.00
江苏	0.74	云南	0.95
浙江	0.08	陕西	0.39
安徽	0.84	甘肃	0.42
福建	0.32	青海	1.00
江西	0.70	宁夏	0.01
山东	0.83	新疆	1.00

资料来源：笔者自制。

二　条件变量的设计与校准

基于分析框架，本书从资源、组织、社会 3 个一级条件中抽取 7 个二级条件作为条件变量。根据研究需要及变量特性，本书对中央支持、制度基础与制度激励 3 个条件变量采用清晰集的二元校准方式，即指定一个定性锚点，将条件变量的原始测量转化为"完全隶属"（1）或"完全不隶属"（0）；对财政资金、关系资本、专家参与、外部压力 4 个条件变量则采用模糊集校准方式。对规制性政策执行绩效条件变量校准的外部标准与隶属度取值标准见表 4.6。

表 4.6　规制性政策执行绩效条件变量校准的外部标准与隶属度取值标准

维度	变量	目标集	外部标准	隶属度取值标准			
				完全隶属	偏隶属	偏不隶属	完全不隶属
资源条件	财政资金	具有充裕财政资金的地区集合	"十三五"规划期间地方财政环境保护支出增长率在所有财政支出科目中的排名	1	0.67	0.33	0
	关系资本	职能部门"一把手"具有丰富关系资本的地区集合	职能部门"一把手"曾任职部门数量	1	0.67	0.33	0
组织条件	中央支持	具有较强中央支持的地区集合	"十三五"规划期间获得节能减排财政政策综合示范专项拨款	1	—	—	0
	制度基础	具有健全制度基础的地区集合	出台地方《工作方案》的时间	1	—	—	0
	制度激励	具有明确制度激励的地区集合	出台与环境保护约谈制度相关的方法、规定、实施方案等	1	—	—	0
社会条件	专家参与	具有充分专家参与支持的地区集合	地方环境影响评价专家库人数	1	0.67	0.33	0
	外部压力	具有较强外部压力的地区集合	"十三五"规划期间环保举报数量	1	0.67	0.33	0

资料来源：笔者自制。

（一）资源条件

（1）财政资金

由于所处经济条件、发展阶段、文化基础存在较大差异，不同地方政府对环境保护工作的财政投入程度不同。因此，为衡量环保政策执行主体具有的财政资金多寡，本书首先分别计算包括地方财政教育事业费支出、地方财政科学事业费支出、地方财政医疗卫生支出、地方财政一般公共服务支出等在内的 13 门科目地方财政支出在 2015~2017 年的增长率①情况，进而对各地方财政环境保护支出增长率在 13 门科目中的排名情况进行统计，结果见表 4.7。关于各地方财政支出的相关数据为笔者根据 2015~2017 年《中国财政年鉴》整理获得。

表 4.7　2015~2017 年各地方财政环境保护支出增长率在所有财政支出科目中的排名

地区	排名	地区	排名
北京	2	河南	4
天津	2	湖北	10
河北	4	湖南	9
山西	2	广东	6
内蒙古	11	广西	11
辽宁	9	海南	7
吉林	11	重庆	8
黑龙江	3	四川	6
上海	1	贵州	4
江苏	10	云南	5
浙江	7	陕西	10
安徽	3	甘肃	7
福建	4	青海	12
江西	1	宁夏	7
山东	8	新疆	12

资料来源：笔者根据 2015~2017 年《中国财政年鉴》计算。

---

① 例如，（2017 年地方财政环境保护支出−2015 年地方财政环境保护支出）/2015 年地方财政环境保护支出。

本书将采用间接法对规制性政策中财政资金这一条件变量进行校准，目标集为具有充裕财政资金的地区集合。本书首先根据上四分位数、中位数以及下四分位数将各执行主体具有与环保相关的财政资金多寡这一条件变量划分为四个隶属级别，并对各样本的目标集隶属度进行初步估计；其次利用分段对数模型对隶属度进行校准。具体而言，本书将执行主体具有与环保相关的财政资金增长率排名不小于下四分位数的地方样本的假定隶属度划分为完全隶属；将执行主体具有与环保相关的财政资金增长率排名小于下四分位数且大于等于中位数的地方样本的假定隶属度划分为偏隶属；将执行主体具有与环保相关的财政资金增长率排名小于中位数且大于等于上四分位数的地方样本的假定隶属度划分为偏不隶属；将执行主体具有与环保相关的财政资金增长率排名小于上四分位数的地方样本的假定隶属度划分为完全不隶属（见表4.8）。本书利用间接法对财政资金这一条件变量进行校准后，各样本集合隶属分数见表4.9。

表 4.8 规制性政策财政资金（条件变量）隶属度分级及取值标准

项目		取值标准
个案数（个）	有效	30
	缺失	0
隶属级别划分标准	上四分位数	3.75
	中位数	7
	下四分位数	10
假定隶属度取值标准	完全隶属	≥10
	偏隶属	［7，10）
	偏不隶属	［3.75，7）
	完全不隶属	<3.75

资料来源：笔者根据 2015~2017 年《中国财政年鉴》整理。

表 4.9　规制性政策财政资金（条件变量）校准后各样本集合隶属分数

地区	校准后隶属分数	地区	校准后隶属分数
北京	0.00	河南	0.21
天津	0.00	湖北	0.94
河北	0.21	湖南	0.86
山西	0.00	广东	0.47
内蒙古	0.98	广西	0.98
辽宁	0.86	海南	0.61
吉林	0.98	重庆	0.74
黑龙江	0.08	四川	0.47
上海	0.00	贵州	0.21
江苏	0.94	云南	0.34
浙江	0.61	陕西	0.94
安徽	0.08	甘肃	0.61
福建	0.21	青海	0.99
江西	0.00	宁夏	0.61
山东	0.74	新疆	0.99

资料来源：笔者自制。

（2）关系资本

在行政关系人缘化的大背景下，履职经历越为丰富的官员，其关系网络越为复杂，在推进节能减排政策的落实方面通常具有的关系资本越丰富。因此，本书以截至 2019 年地方生态环境厅（局）长曾任职部门数量来衡量节能减排执行部门的关系资本。关于各地方生态环境厅（局）长曾任职部门的相关数据，笔者结合地方生态环境厅（局）官方网站与权威媒体资料公开发布的"一把手"履历信息整理获得。

本书将采用间接法对规制性政策中关系资本这一条件变量进行校准，目标集为职能部门"一把手"具有丰富关系资本的地区集合。本书首先根据上四分位数、中位数以及下四分位数将各地方生态环境厅（局）"一把手"曾任职部门数量这一条件变量划分为四个隶属级别，并对各样本的目标集隶属度进行初步估计；其次利用分段对数模型对隶属度进行校准。具体而言，本书将地方生态环境厅（局）"一把手"曾任职部门数量不小于下四分位数的地方样本的假定隶属度划分为完全隶属；将地方生态环境厅（局）"一把手"曾任职部门数量小于下四分位数且大于等于中位数的地方样本的假定隶属度划分为偏隶属；将地方生态环境厅（局）"一把手"曾任职部门数量小于中位数且大于等于上四分位数的地方样本的假定隶属度划分为偏不隶属；将地方生态环境厅（局）"一把手"曾任职部门数量小于上四分位数的地方样本的假定隶属度划分为完全不隶属（见表4.10）。本书利用间接法对关系资本这一条件变量进行校准后，各样本集合隶属分数见表4.11。

表4.10　规制性政策关系资本（条件变量）隶属度分级及取值标准

项目		取值标准
个案数（个）	有效	30
	缺失	0
隶属级别划分标准	上四分位数	3
	中位数	4.5
	下四分位数	7.25
假定隶属度取值标准	完全隶属	≥7.25
	偏隶属	[4.5, 7.25)
	偏不隶属	[3, 4.5)
	完全不隶属	<3

资料来源：笔者根据自建数据库整理。

表4.11　规制性政策关系资本（条件变量）校准后各样本集合隶属分数

地区	校准后隶属分数	地区	校准后隶属分数
北京	0.00	河南	0.04
天津	0.04	湖北	0.00
河北	0.84	湖南	0.92
山西	0.84	广东	0.99
内蒙古	0.54	广西	0.26
辽宁	0.00	海南	0.72
吉林	0.00	重庆	0.96
黑龙江	0.84	四川	0.72
上海	0.04	贵州	0.72
江苏	0.98	云南	0.98
浙江	0.00	陕西	0.26
安徽	0.26	甘肃	0.04
福建	0.54	青海	0.26
江西	0.92	宁夏	1.00
山东	0.26	新疆	0.04

资料来源：笔者自制。

（二）组织条件

（1）中央支持

为推动中央政策意图的落实，中央政府会通过强调、监督、激励等方式影响地方政府的政策执行行为。因此，中央对政策项目的关注度成为影响地方政府政策执行再决策的重要因素。[①] 换言之，中央政府对某项政策项目的关注度越高，越会倾向于释放有利于推动该项目的政策信号，该项目在地方政府工作中的重要性可能越高。自"十二五"规划开始，财政部与国家发改委决定开展节能减排财政政策综合示范工作，以促进产业低碳化、交通清洁化、主要污染物减量化等目标。因此，本书选择中央是否在"十三五"规划期间对地方拨付节能减排补助资金测量中央政府对节能减排政策的关注度。本书采用清晰集的二元校准方式对规制性政策中的中央支持这一条件变量进行校准，目标集为具有较强中央支持的地区集合。若"十三五"规划期间地方获得节能减排财政政策综合示范专项拨款，则样本的目标集隶属度为1；若未获得专项拨款，则样本的目标集隶属度为0。关于"十三五"规划节能减排财政政策综合示范专项拨款的相关数据来源于财政部网站"专项转移支付"栏目中的"节能减排补助资金"部分。[②]

（2）制度基础

自2016年12月20日国务院出台《工作方案》以来，各地方政府陆续出台地方"十三五"节能减排综合工作方案。其中，北京市于2016年8月7日印发《北京市"十三五"时期节能降耗及应对气候变化规划》[③]，成为全国最早出台"十三五"节能减排综合工作方案的地方政府；上海市则于2018年4月17日印发《上海市"十三五"节能减排和控制温室气体排放综合性工作方案》[④]，成为全国最后一个出台方案的地方政府。对于地方政府

[①] Sean Nicholson-Crotty, "The Politics of Diffusion: Public Policy in the American States", *The Journal of Politics* 71, No. 1 (2009): 192-205.

[②] 参见中华人民共和国财政部《2018年节能减排补助专项资金对地方分配情况》，http://jjs.mof.gov.cn/zxzyzf/jnjpbzzj/201807/t20180713_2960859.htm.

[③] 参见北京市人民政府《北京市"十三五"时期节能降耗及应对气候变化规划》，http://fgw.beijing.gov.cn/fgwzwgk/zcgk/ghjhwb/wnjh/202204/t20220413_2676116.htm.

[④] 参见《上海市人民政府办公厅关于印发〈上海市"十三五"节能减排和控制温室气体排放综合性工作方案〉的通知》，https://www.shanghai.gov.cn/nw43718/20200824/0001-43718_56070.html.

而言，越早制定地方五年规划，相关制度方案越能尽早落实。除年度工作报告以外，各地方政府纷纷推行"半年报"制度，可见半年期也日益成为地方进行工作安排、落实规划部署的重要时间节点。因此，本书以半年为界限衡量地方关于节能减排政策制度基础的健全程度。本书采用清晰集的二元校准方式对制度基础这一条件变量进行校准，目标集为具有健全制度基础的地区集合。若地方政府于 2017 年上半年（2017 年 7 月 1 日以前）出台了本地区"十三五"节能减排综合工作方案，则样本的目标集隶属度为 1；若上半年未出台相关方案，则样本的目标集隶属度为 0。关于各地方是否出台"十三五"节能减排综合工作方案的相关数据为笔者结合北大法宝、法律之星、权威媒体资料及地方人民政府官网信息整理获得。

（3）制度激励

2014 年 5 月，环境保护部出台《环境保护部约谈暂行办法》（简称《暂行办法》），通过公开约谈未履行环保职责或履职不到位的地方政府"一把手"及相关负责人，督促、监督地方政府切实履行环保主体责任。《暂行办法》将包括"未落实国家环保法律、法规、政策、标准、规划，或未完成环保目标任务，行政区内发生或可能发生严重生态和环境问题"等在内的 11 种情形列为被约谈条件。环保约谈与问责机制密切相关，为地方"一把手"及相关负责人带来政治与舆论的双重压力。《暂行办法》实施至 2018 年 5 月 14 日，已有逾 60 个地方领导或相关负责人被公开约谈[1]，有效提高了地方政府环境治理效率[2]。因此，本书采用清晰集的二元校准方式对制度激励这一条件变量进行校准，目标集为具有明确制度激励的地区集合。若地方政府生态环境厅（局）［原环境保护厅（局）］或办公厅已建立环境保护约谈制度，则样本的目标集隶属度为 1；若尚未建立该制度，则样本的目标集隶属度为 0。关于各地方是否建立环境保护约谈制度，笔者对 30 个省（区、市）的相关信息进行逐个检索与挖掘，遵循地方政府网站、北大法宝、法律之星、权威媒体资料的检索顺序，最大程度保证样本信息来

---

[1] 邢颖：《环保约谈地方政府威力多大？九成以上没被二次约谈》，http://m.people.cn/n4/2018/0514/c203-10971772.html。

[2] 吴建祖、王蓉娟：《环保约谈提高地方政府环境治理效率了吗？——基于双重差分方法的实证分析》，《公共管理学报》2019 年第 1 期。

源不少于三种，以进行三角互证，保证样本信息的效度与信度。[①]

（三）社会条件

（1）专家参与

环境影响评价是在实施对环境有可能存在重大影响的项目前，对环境可能造成的影响进行分析与评价，并提出回避或减轻环境影响的措施，对于预防环境风险、实现环境源头治理、保障环境决策正当性具有重要作用。[②] 2003 年 8 月，国家环境保护总局颁布《环境影响评价审查专家库管理办法》。[③] 根据该办法规定，中央与地方应分别建立国家及地方环境影响评价审查专家库。其中，地方库由设区的市级以上地方人民政府环境保护行政主管部门设立和管理。同时，该办法还对入选专家应具备的条件及相应管理办法做出规定。入选专家库的专家应在规定时间内提出客观、公正、科学、负责、独立的审查意见。将专家纳入环境影响评价不仅有助于完善环境影响评价中的公众参与制度，更提高了环境保护的科学性与专业性。在一定程度上，地方专家库人数越多，覆盖相关专业、行业领域越广，对环境影响评价的论证越充分。因此，本书通过统计各地方环境影响评价专家库的人均数量衡量各地专家参与的充分性。关于各地环境影响评价专家库人数的相关数据为笔者结合地方生态环境厅官方网站、地方政府环境影响评价中心网站及权威媒体资料整理获得。

本书采用间接法对规制性政策中专家参与这一条件变量进行校准，目标集为具有充分专家参与支持的地区集合。本书首先根据上四分位数、中位数以及下四分位数将各地方环境影响评价专家库人均数量这一条件变量划分为四个隶属级别，并对各样本的目标集隶属度进行初步估计；其次利用分段对数模型对隶属度进行校准。具体而言，本书将各地方环境影响评价专家库人均数量不小于下四分位数的地方样本的假定隶属度划分为完全隶属；将各地方环境影响评价专家库人均数量小于下四分位数且大于等于

① Robert K. Yin, *Case Study Research*: *Design and Method* (California: Sage Publications, 1994), pp. 92–113.

② 汪劲：《中外环境影响评价制度比较研究——环境与开发决策的正当法律程序》，北京大学出版社，2006，第176页。

③ 参见国家环境保护总局（含国家环境保护局）《环境影响评价审查专家库管理办法》，http://www.pkulaw.cn/fulltext_form.aspx? Db = chl&Gid = 363609e3fa8c91dfbdfb&keyword = 环境影响评价审查专家库管理办法 &EncodingName = &Search_Mode = accurate&Search_IsTitle = 0。

中位数的地方样本的假定隶属度划分为偏隶属；将各地方环境影响评价专家库人均数量小于中位数且大于等于上四分位数的地方样本的假定隶属度划分为偏不隶属；将各地方环境影响评价专家库人均数量小于上四分位数的地方样本的假定隶属度划分为完全不隶属（见表4.12）。本书利用间接法对专家参与这一条件变量进行校准后，各样本集合隶属分数见表4.13。

表4.12 规制性政策专家参与（条件变量）隶属度分级及取值标准

项目		取值标准
个案数（个）	有效	30
	缺失	0
隶属级别划分标准	上四分位数	0.0326
	中位数	0.0457
	下四分位数	0.1171
假定隶属度取值标准	完全隶属	≥0.1171
	偏隶属	[0.0457, 0.1171)
	偏不隶属	[0.0326, 0.0457)
	完全不隶属	<0.0326

资料来源：笔者根据自建数据库整理。

表4.13 规制性政策专家参与（条件变量）校准后各样本集合隶属分数

地区	校准后隶属分数	地区	校准后隶属分数
北京	1.00	河南	0.34
天津	0.99	湖北	0.01
河北	0.75	湖南	0.01
山西	0.07	广东	0.01
内蒙古	0.37	广西	0.48
辽宁	0.34	海南	0.92
吉林	0.41	重庆	0.15
黑龙江	0.38	四川	0.09
上海	0.98	贵州	0.85
江苏	0.02	云南	0.00
浙江	0.87	陕西	0.56
安徽	0.73	甘肃	0.60
福建	0.94	青海	1.00
江西	0.27	宁夏	1.00
山东	0.53	新疆	0.35

资料来源：笔者自制。

（2）外部压力

2010 年 12 月，环境保护部发布《环保举报热线工作管理办法》。该办法规定，"公民、法人或者其他组织通过拨打环保举报热线电话，向各级环境保护主管部门举报环境污染或者生态破坏事项，请求环境保护主管部门依法处理"[①]。举报方式分别有电话、网络及微信三种。生态环境部（原环境保护部）每月对全国各地"12369"环保举报办理情况进行通报。环境举报办理情况通报可以视作地方政府环境保护外部压力的主要来源之一，对地方节能减排政策的落实具有监督与激励作用。因此，为衡量各地环保部门受到的外部压力，本书对 2016～2018 年全国"12369"环保举报人均办理数量进行统计，结果见表 4.14。关于外部压力的相关数据为笔者根据生态环境部通报的 2016～2018 年各地方"12369"环保举报办理情况整理获得。

表 4.14　2016～2018 年各地方"12369"环保举报人均办理数量

单位：次

地区	数量	地区	数量
北京	42.123	河南	10.102
天津	17.575	湖北	5.638
河北	7.746	湖南	3.751
山西	10.271	广东	10.911
内蒙古	3.436	广西	7.386
辽宁	21.714	海南	49.543
吉林	5.841	重庆	49.571
黑龙江	5.452	四川	6.237
上海	40.564	贵州	2.136
江苏	26.505	云南	2.761
浙江	10.677	陕西	8.582
安徽	6.264	甘肃	3.365
福建	16.238	青海	1.865
江西	4.711	宁夏	11.375
山东	9.104	新疆	5.475

资料来源：笔者根据生态环境部通报 2016～2018 年全国"12369"环保举报办理情况及 2017～2019 年《中国人口和就业统计年鉴》整理。

[①] 参见环境保护部《环保举报热线工作管理办法》，http：//www.pkulaw.cn/fulltext_form.aspx? Db = chl&Gid = 2c28277a34034dbfbdfb&keyword = 环保举报热线工作管理办法 &EncodingName = &Search_Mode = accurate&Search_IsTitle = 0。

本书采用间接法对规制性政策中外部压力这一条件变量进行校准，目标集为具有较强外部压力的地区集合。本书首先根据上四分位数、中位数以及下四分位数将各地方政府受到的环保外部压力这一条件变量划分为四个隶属级别，并对各样本的目标集隶属度进行初步估计；其次利用分段对数模型对隶属度进行校准。具体而言，本书将各地方政府受到的环保外部压力不小于下四分位数的地方样本的假定隶属度划分为完全隶属；将各地方政府受到的环保外部压力小于下四分位数且大于等于中位数的地方样本的假定隶属度划分为偏隶属；将各地方政府受到的环保外部压力小于中位数且大于等于上四分位数的地方样本的假定隶属度划分为偏不隶属；将各地方政府受到的环保外部压力小于上四分位数的地方样本的假定隶属度划分为完全不隶属（见表 4.15）。本书利用间接法对外部压力这一条件变量进行校准后，各样本集合隶属分数见表 4.16。

表 4.15 规制性政策外部压力（条件变量）隶属度分级及取值标准

项目		取值标准
个案数（个）	有效	30
	缺失	0
隶属级别划分标准	上四分位数	5.267
	中位数	8.164
	下四分位数	16.577
假定隶属度取值标准	完全隶属	≥16.577
	偏隶属	[8.164, 16.577)
	偏不隶属	[5.267, 8.164)
	完全不隶属	<5.267

资料来源：笔者根据生态环境部通报 2016~2018 年全国 "12369" 环保举报办理情况及 2017~2019 年《中国人口和就业统计年鉴》整理。

表 4.16 规制性政策外部压力（条件变量）校准后各样本集合隶属分数

地区	校准后隶属分数	地区	校准后隶属分数
北京	1.00	山西	0.65
天津	0.90	内蒙古	0.01
河北	0.49	辽宁	0.97

续表

地区	校准后隶属分数	地区	校准后隶属分数
吉林	0.28	广东	0.68
黑龙江	0.22	广西	0.46
上海	1.00	海南	1.00
江苏	1.00	重庆	1.00
浙江	0.67	四川	0.33
安徽	0.34	贵州	0.00
福建	0.87	云南	0.00
江西	0.11	陕西	0.56
山东	0.59	甘肃	0.01
河南	0.65	青海	0.00
湖北	0.25	宁夏	0.70
湖南	0.02	新疆	0.22

资料来源：笔者自制。

至此，本书完成了关于规制性政策执行绩效的 7 个条件变量及 1 个结果变量的校准工作，校准后各样本集合隶属分数见表 4.17。

表 4.17　规制性政策相关变量校准后各样本集合隶属分数

地区	财政资金	关系资本	中央支持	制度基础	制度激励	专家参与	外部压力	节能减排
北京	0.00	0.00	0	1	1	1.00	1.00	0.15
天津	0.00	0.04	1	1	1	0.99	0.90	0.70
河北	0.21	0.84	0	1	1	0.75	0.49	0.54
山西	0.00	0.84	1	0	1	0.07	0.65	0.13
内蒙古	0.98	0.54	1	1	0	0.37	0.01	0.01
辽宁	0.86	0.00	0	1	0	0.34	0.97	0.01
吉林	0.98	0.00	0	1	0	0.41	0.28	0.90
黑龙江	0.08	0.84	0	0	0	0.38	0.22	0.16
上海	0.00	0.04	0	1	1	0.98	1.00	0.38
江苏	0.94	0.98	1	1	1	0.02	1.00	0.74
浙江	0.61	0.00	0	1	1	0.87	0.67	0.08
安徽	0.08	0.26	0	1	1	0.73	0.34	0.84
福建	0.21	0.54	0	0	1	0.94	0.87	0.32

续表

地区	财政资金	关系资本	中央支持	制度基础	制度激励	专家参与	外部压力	节能减排
江西	0.00	0.92	0	1	0	0.27	0.11	0.70
山东	0.74	0.26	1	1	1	0.53	0.59	0.83
河南	0.21	0.04	1	0	0	0.34	0.65	1.00
湖北	0.94	0.00	0	1	0	0.01	0.25	0.62
湖南	0.86	0.92	0	0	0	0.01	0.02	0.79
广东	0.47	0.99	1	1	1	0.01	0.68	0.06
广西	0.98	0.26	1	1	1	0.48	0.46	0.12
海南	0.61	0.72	0	1	1	0.92	1.00	0.11
重庆	0.74	0.96	0	0	1	0.15	1.00	0.56
四川	0.47	0.72	1	0	0	0.09	0.33	0.49
贵州	0.21	0.72	0	0	1	0.85	0.00	1.00
云南	0.34	0.98	0	1	0	0.00	0.00	0.95
陕西	0.94	0.26	0	0	0	0.56	0.56	0.39
甘肃	0.61	0.04	1	0	0	0.60	0.01	0.42
青海	0.99	0.26	1	0	0	1.00	0.00	1.00
宁夏	0.61	1.00	0	0	1	1.00	0.70	0.01
新疆	0.99	0.04	1	1	1	0.35	0.22	1.00

资料来源：笔者自制。

第三节　研究发现与讨论

一　规制性政策执行绩效：由多因素共同作用的结果

通过 fsQCA 3.0 软件，本书对规制性政策单一条件变量的必要性进行分析。由表 4.18 可见，所有条件变量的一致性均小于 0.9，表明所有条件变量均无法独立对节能减排政策执行绩效产生影响。同时，这也证明每个条件变量与节能减排政策执行绩效之间不存在线性关系，即节能减排政策执行绩效是由多因素共同作用的结果。由此，本书将对条件变量的组合进行分析，探究影响规制性政策执行绩效的联动机制。

表 4.18　规制性政策单一条件变量必要性分析

项目	规制性政策执行高绩效		规制性政策执行低绩效	
条件变量	一致性	覆盖度	一致性	覆盖度
财政资金	0.62	0.60	0.59	0.57
～财政资金	0.55	0.57	0.58	0.61
关系资本	0.51	0.55	0.57	0.61
～关系资本	0.64	0.60	0.58	0.54
中央支持	0.43	0.54	0.37	0.46
～中央支持	0.57	0.47	0.63	0.53
制度基础	0.58	0.49	0.62	0.51
～制度基础	0.42	0.52	0.38	0.48
制度激励	0.50	0.45	0.63	0.55
～制度激励	0.50	0.57	0.37	0.43
专家参与	0.55	0.55	0.63	0.63
～专家参与	0.63	0.63	0.55	0.55
外部压力	0.48	0.48	0.71	0.71
～外部压力	0.71	0.71	0.48	0.48

结果变量：节能减排政策执行绩效

资料来源：笔者自制。

二　"二元交互"的适配联动：规制性政策高效执行的实现路径

将案例频数阈值设置为 1、Raw 一致性阈值设置为 0.9、PRI 一致性阈值设置为 0.7，本书构建的规制性政策得以高效执行的部分真值表如表 4.19 所示。本书选择中间解对导致结果的条件组合进行讨论，中间解结果见表 4.20。中间解的总体一致性为 0.86，这表明对于满足 3 条路径的所有案例而言，有 86%的地方政府具有较高的规制性政策执行绩效。

表 4.19 规制性政策高效执行的部分真值表（未显示逻辑余项）

财政资金	关系资本	中央支持	制度基础	制度激励	专家参与	外部压力	节能减排
0	1	0	1	1	1	0	1
0	0	1	0	0	0	1	1
0	1	0	1	0	0	0	1
1	1	0	0	0	0	0	1
0	1	1	0	0	0	0	0
1	0	0	1	0	0	0	0
1	0	1	0	0	1	0	0
0	0	1	1	1	1	1	0
0	0	0	1	1	1	0	0
1	1	0	0	0	0	0	0
0	1	0	0	1	1	0	0
1	0	1	1	0	0	0	0
1	0	0	0	0	1	1	0
1	0	1	1	1	1	1	0
1	1	1	1	0	0	1	0
0	1	1	1	1	0	1	0
1	0	0	1	0	0	1	0
1	1	0	1	0	0	1	0
0	1	0	0	1	1	0	0
0	1	0	0	0	0	0	0
0	0	0	1	0	0	0	0
1	0	0	1	1	1	1	0
1	1	0	0	1	1	1	0
0	1	1	0	1	0	1	0
1	1	1	1	0	0	0	0

资料来源：笔者自制。

表 4.20 规制性政策高效执行的组态——中间解

组态	原始覆盖度	净覆盖度	一致性
财政资金 * 关系资本 * ~中央支持 * ~制度基础 * ~外部压力	0.099	0.099	0.80
~财政资金 * 关系资本 * 制度基础 * ~外部压力	0.169	0.169	0.85
~关系资本 * 中央支持 * ~制度基础 * 外部压力	0.071	0.071	0.97

总体覆盖度：0.34；总体一致性：0.86

资料来源：笔者自制。

对组态的分析要引入核心要素与边缘要素。通过比较简单解与中间解，本书得出规制性政策高效执行的组态（见表 4.21）。

表 4.21　规制性政策高效执行的组态

项目	资源型	资源-组织型	环境型
	组态 1	组态 2	组态 3
资源条件			
财政资金	●		
关系资本	•	●	
组织条件			
中央支持			●
制度基础		●	
制度激励			
社会条件			
专家参与			
外部压力			●
一致性	0.80	0.85	0.97
原始覆盖度	0.099	0.169	0.071
净覆盖度	0.099	0.169	0.071
总体一致性	0.86		
总体覆盖度	0.34		

注：●或 • 表示该条件存在，"空白"表示构型中该条件可存在、可不存在；● 表示核心条件，• 表示辅助条件。

资料来源：笔者自制。

（一）资源型

组态 1 表明，无论执行主体所处的环境要素如何，只要执行主体具有较为丰富的资源条件便可以推动规制性政策高效执行。其中，财政资金发挥更为核心的作用，关系资本则发挥辅助作用，这意味着执行主体的资源禀赋对促进规制性政策执行绩效提高发挥至关重要的作用，即使在组织与社会条件不利的情况下，执行主体也可以充分发挥其资源条件的优势，突破环境要素的限制，提高规制性政策执行绩效。因此，本书将这一组态称为"资源型"。代表案例为湖南。

（二）资源-组织型

组态 2 表明，无论执行主体处于何种社会条件、是否具有丰富的财政资金，政策议题是否获得较强的中央支持与具有明确的制度激励，只要执行主体关系资本丰富，且政策议题具有健全的制度基础，那么规制性政策便可以高效执行。此时，关系资本与制度基础均发挥核心作用。这意味着关系资本与制度基础的适配可以有效促进规制性政策执行绩效的提高。在该组态下，资源与组织条件的联动可以抵消由执行主体所处社会条件不利给规制性政策执行绩效带来的影响。因此，本书将这一组态称为"资源-组织型"。代表案例为河北、江西和云南。

（三）环境型

组态 3 表明，无论执行主体是否具有较好的资源条件，政策议题是否具有健全的制度基础、明确的制度激励及广泛的专家参与，只要政策议题获得较强的中央支持及外部压力，那么规制性政策便可以高效执行。同时，中央支持与外部压力均发挥核心作用。这意味着中央支持与外部压力的适配可以有效促进规制性政策执行高绩效的实现。在该组态下，组织与社会条件的联动有效抑制了执行主体因资源条件有限给规制性政策执行绩效带来的不利影响。因此，本书将这一组态称为"环境型"。代表案例为河南。

从上述三类组态中可以看出，规制性政策高效执行的联动机制具有明显的"二元交互"特性，即政策得以高效执行是资源、组织、环境 3 个一级条件中的 2 个二级条件适配协同的结果。

基于"因果非对称性"假设，为了更加深入地了解规制性政策执行绩效的影响机制，本书还将对导致规制性政策低效执行的条件组合进行分析（见表 4.22）。

表 4.22　规制性政策低效执行的组态

项目	组态 1	组态 2	组态 3	组态 4
资源条件				
财政资金		⊗		⊗
关系资本				
组织条件				
中央支持	⊗	⊗		⊗
制度基础		⊗		⊗
制度激励		⊗	⊗	
社会条件				
专家参与			⊗	
外部压力				
一致性	0.95	1	1	1
原始覆盖度	0.238	0.069	0.036	0.125
净覆盖度	0.150	0.005	0.036	0.028
总体一致性	0.97			
总体覆盖度	0.40			

注：⊗表示该条件不存在；"空白"表示构型中该条件可存在、可不存在。
资料来源：笔者自制。

　　表 4.22 为导致规制性政策低效执行的 4 个组态。组态 1 表明，无论执行主体是否具有较好的资源条件，也无论其是否处于良好的社会条件中，只要政策议题缺乏较强的中央支持，规制性政策执行便会陷入低效困境。此组态下共包括 6 个案例，代表案例为黑龙江和陕西。组态 2 表明，无论执行主体是否具有丰富的关系资本、是否处在良好的社会条件中，良好的组织条件及充裕的财政资金的缺乏会导致规制性政策低效执行。代表案例为黑龙江和陕西。组态 3 表明，无论执行主体是否具有良好的资源条件，也不管政策议题是否具有健全的制度基础、是否获得较强的中央支持及外部压力，只要缺乏明确的制度激励与充分的专家参与，规制性政策低效执行便在所难免。代表案例为内蒙古和四川。组态 4 表明，无论执行主体处于何种社会条件、是否具有丰富的关系资本，政策议题是否具有明确的制度激励，只要执行主体的财政资金匮乏且政策议题的制度基础不健全、未获得较强

的中央支持，那么规制性政策便会低效执行。此组态下共包括4个案例，代表案例为福建。

此外，通过表4.22还可以明显看出，与执行主体具有的资源条件及其所处的社会条件相比，良好组织条件的缺乏成为导致规制性政策低效执行更为重要的因素。可见，对于规制性政策而言，组织条件的优劣程度对政策执行绩效具有重要的影响。

三 互补性与替代性分析：实现规制性政策高效执行的中国经验

通过不同组态构型的对比分析，我们可以识别出不同条件变量间的互补与替代关系。

首先，通过对比规制性政策得以高效执行的组态1与组态2可以发现，对于关系资本较为丰富的地方政府而言，财政资金与制度基础存在替代关系（见图4.1）。这表明健全的制度基础对于地方政府实现规制性政策高效执行具有更强的现实作用。这是因为与制度基础相比，财政资金属于地方政府的资源禀赋，受制于经济发展水平，很难在短期内实现突破式发展，而制度基础这一条件则可以由地方政府通过注意力再分配及早完善。这一发现对于那些资源禀赋较差的地区具有现实的指导意义。以河北省为例，河北省人民政府办公厅于2017年4月26日印发《河北省节能"十三五"规划》，成为全国第6个出台省级规划方案的地方政府。制度基础的相对完善也成为河北省实现政策执行高绩效的核心条件之一。

图4.1 资源与组织条件的替代关系

其次，通过对比导致规制性政策低效执行的组态2与组态3可以发现，当地方政府缺乏明确的制度激励时，缺少广泛的专家参与和缺少充裕的财政资金、较强的中央支持、健全的制度基础三者的组合具有替代关系（见图4.2）。这表明专家参与的缺少对导致规制性政策低效执行具有更为重要的影响。可见，如果专家未通过广泛参与决策咨询和公共表达嵌入政策执行过程中，那么环境治理的效果将受到限制。①

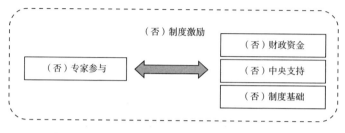

图 4.2　社会与"资源+组织"条件的替代关系

第四节　本章小结

节约能源是中国的基本国策，具有重要的战略意义，是关乎生态文明建设、经济可持续发展、实现人与自然和谐共生的重要议题。2016 年 12 月 20 日，在"十三五"规划安排下，国务院颁布《工作方案》，正式实施能源消耗总量和强度"双控"行动，并为地方政府分别设定了"双控"目标。国家统计局等公布的 2016～2018 年《分省（区、市）万元地区生产总值能耗降低率等指标公报》的数据显示，截至 2018 年底，中国各省（区、市）在"十三五"规划期间能耗强度降低目标完成度存在显著差异。可见，地方政府的节能减排成绩高低各异。究竟是执行主体具有的资源要素，还是其所处的环境要素对地方政府更好地实现节能减排目标更为重要？不同条件之间的联动机制为何？

为了回答上述问题，本章以节能减排政策为例考察规制性政策的执行绩效，从资源、组织、社会 3 个一级条件中提取 7 个二级条件，利用模糊集定性比较分析方法，对影响中国规制性政策执行绩效的组态进行探析。

研究结果表明，地方政府可以通过 3 条路径推动规制性政策高效执行，分别为资源型、资源-组织型、环境型。其中，"资源型"意味着较好的资

---

① 朱旭峰：《中国社会政策变迁中的专家参与模式研究》，《社会学研究》2011 年第 2 期；杨立华、何元增：《专家学者参与公共治理的行为模式分析：一个环境领域的多案例比较》，《江苏行政学院学报》2014 年第 3 期。

源条件对促进地方政府实现规制性政策高效执行具有至关重要的作用，此时组织与社会条件的优劣未对规制性政策执行绩效发挥作用。"资源–组织型"表明资源与组织条件是促进地方政府推动规制性政策高效执行的双重核心，此时社会条件的优劣未对规制性政策执行绩效产生影响。"环境型"则意味着组织与社会条件的双重匹配可以促进地方政府实现规制性政策高效执行，而资源条件对此未发挥作用。通过对比整合可以看出，地方政府推动规制性政策高效执行的联动机制表现出较为明显的"二元交互"特性，即政策得以高效执行是资源、组织、社会 3 个一级条件中的 2 个二级条件适配协同的结果。此外，研究还对导致规制性政策低效执行的组态进行分析，结果表明，与执行主体具有的资源条件及其所处的社会条件相比，良好组织条件的缺乏成为导致规制性政策执行陷入低效困境更为重要的因素。

通过比较分析不同组态的构型，研究发现，财政资金与制度基础在规制性政策执行中表现出较强的替代关系。同时，专家参与的缺少对导致规制性政策低效执行具有更为重要的影响。

第五章　分配性政策高效执行的影响机制：以农业支持保护补贴政策为例

　　改革开放以来，中国农业与农村取得了一定程度的发展，为工业化建设与经济发展做出了历史性贡献。[1] 然而，由于农业人口过多、城乡二元结构的长期存在，农业、农村与农民问题始终是中国现代化建设过程中的关键问题。正如温铁军指出，中国的问题基本上是"一个人口膨胀而资源短缺的农民国家追求工业化的发展问题"[2]。长期以来，中国政府重视"三农"工作，《2003 年国务院政府工作报告》正式将"三农"问题写入官方文件。"三农"问题具有长期性和特殊性，关乎中国现代化建设全局，必须坚持把解决"三农"问题放在经济工作中的突出位置。[3] 截至 2020 年，中央一号文件已连续 17 年将焦点对准"三农"问题（见表5.1）。同时，中央政府还不断加大对"三农"问题的投入力度，2018 年中央财政农林水事务支出达到592.30 亿元，比 2008 年增长了近 1 倍。[4] 诚然，近年来中国在"三农"工作上取得了阶段性成果，2018 年中国乡村人口数量占总人口比重为40.42%，比 1949 年下降了一半有余。[5] 2019 年全国粮食总产量达到 6.64亿吨，粮食播种面积为 1.16 亿公顷，比 2009 年分别增加了 25%和 6.4%。[6]然而，作为具有长期性、复杂性和特殊性的问题集合[7]，"三农"问题处于

---

① 刘克崮、张桂文：《中国"三农"问题的战略思考与对策研究》，《管理世界》2003 年第5 期。
② 温铁军：《"三农问题"的世纪反思》，《经济研究参考》2000 年第 1 期。
③ 参见新华社《2003 年国务院政府工作报告》，http：//www.gov.cn/test/2006-02/16/content_201173.htm。
④ 根据国家统计局发布的 2008 年与 2018 年中央财政主要支出项目相关数据计算。
⑤ 参见国家统计局编《中国统计年鉴2019》，http：//www.stats.gov.cn/zs/tjwh/tjkw/tjzl/202302/t20230215_1907930.html。
⑥ 根据国家统计局发布的 2009 年与 2019 年全国粮食总产量与播种面积数据计算。
⑦ 俞奉庆、蔡运龙：《耕地资源价值重建与农业补贴——一种解决"三农"问题的政策取向》，《中国土地科学》2004 年第 1 期。

中国经济社会结构性矛盾的核心①。在"三农"问题尚未取得根本性好转的情况下，土地问题、粮食安全问题等仍然是制约中国实现农业现代化的重要因素，"三农"问题仍然是全党工作的重中之重。②

表 5.1　2004~2020 年中央一号文件

年份	文件名称
2004	《关于促进农民增加收入若干政策的意见》
2005	《关于进一步加强农村工作提高农业综合生产能力若干政策的意见》
2006	《关于推进社会主义新农村建设的若干意见》
2007	《关于积极发展现代农业扎实推进社会主义新农村建设的若干意见》
2008	《关于切实加强农业基础设施建设进一步促进农业发展农民增收的若干意见》
2009	《关于 2009 年促进农业稳定发展农民持续增收的若干意见》
2010	《关于加大统筹城乡发展力度进一步夯实农业农村发展基础的若干意见》
2011	《关于加快水利改革发展的决定》
2012	《关于加快推进农业科技创新持续增强农产品供给保障能力的若干意见》
2013	《关于加快发展现代农业　进一步增强农村发展活力的若干意见》
2014	《关于全面深化农村改革加快推进农业现代化的若干意见》
2015	《关于加大改革创新力度加快农业现代化建设的若干意见》
2016	《关于落实发展新理念加快农业现代化实现全面小康目标的若干意见》
2017	《关于深入推进农业供给侧结构性改革　加快培育农业农村发展新动能的若干意见》
2018	《关于实施乡村振兴战略的意见》
2019	《关于坚持农业农村优先发展做好"三农"工作的若干意见》
2020	《关于抓好"三农"领域重点工作确保如期实现全面小康的意见》

资料来源：笔者根据中国政府网及权威媒体资料整理。

　　由此，党的十九大报告提出推进生态文明建设，实施乡村振兴战略③，这也被学者认为是"三农"问题找到破解之道的重要标志④。此外，在党的十九大与党的十九届四中全会精神指导下，2019 年 12 月中央农村工作会议

---

① 黄祖辉、徐旭初、蒋文华：《中国"三农"问题：分析框架、现实研判和解决思路》，《中国农村经济》2009 年第 7 期。

② 新华社：《中央农村工作会议在京召开　习近平对做好"三农"工作作出重要指示　李克强提出要求》，http://www.gov.cn/xinwen/2018-12/29/content_5353389.htm。

③ 《习近平：决胜全面建成小康社会　夺取新时代中国特色社会主义伟大胜利——在中国共产党第十九次全国代表大会上的报告》，http://www.xinhuanet.com/politics/2017-10/27/c_1121867529.htm。

④ 温铁军、邱建生、车海生：《改革开放 40 年"三农"问题的演进与乡村振兴战略的提出》，《理论探讨》2018 年第 5 期。

强调，作为最突出的短板，"三农"问题不仅是全面建成小康社会的基本要求，也是打赢脱贫攻坚战的压舱石。因此，继续保持农业与农村的平稳发展、完善农业补贴政策，稳定粮食产量与粮食播种面积、保障农民种粮收益成为解决"三农"问题的重中之重。[①]

作为保护耕地地力、保障国家粮食安全、促进农业发展与农民增收、缓解"三农"问题的重要措施，自 2004 年农业补贴政策正式实施以来，学界从不同视角、以不同方法对政策效果进行评估。其中，部分研究关注农业补贴的政策细则与实施方法，并从规范性角度出发提出完善农业补贴政策的相关建议。[②] 冯海发指出，不同种类农业补贴具有不同目标，如果作为发放补贴的基层政府与作为领取补贴的农民对补贴功能知之甚少，便会导致农业补贴政策难以落实。[③] 朱福守和蒋和平认为，多头管理与协调失衡导致农业补贴政策执行的交易成本过高，使补贴政策执行面临困境。[④] 此外，对补贴资金的监管失当也导致截留、冒领、挪用补贴资金的现象仍然存在。另有部分研究则基于数据分析，以事实为判断标准对农业补贴政策进行评估。一方面，基于宏观数据或省级微观数据分析，部分学者认为农业补贴对粮食增产与农民增收具有一定程度的促进作用[⑤]，特别是对粮食生产收入预期较高的农户而言，农业补贴对他们粮食种植决策行为的影响较大[⑥]。另一方面，杜辉等认为农业补贴导致资源配置效率损失，未能对粮食增产发挥必要的激励作用。[⑦] 另外，基于 6 省份 1000 余户农户数据，黄季

① 参见新华网《中央农村工作会议在京召开　习近平对做好"三农"工作作出重要指示》，http://www.xinhuanet.com/politics/2019-12/21/c_1125373173.htm。

② 辛翔飞、张怡、王济民：《我国粮食补贴政策实施状况、问题和对策》，《农业经济》2016年第 9 期；马文杰、冯中朝：《国外粮食直接补贴政策及启示》，《经济纵横》2007 年第11 期。

③ 冯海发：《农业补贴制度改革的思路和措施》，《农业经济问题》2015 年第 3 期。

④ 朱福守、蒋和平：《我国农业"四项补贴"政策回顾与建议》，《中国农业科技导报》2016年第 5 期。

⑤ 周应恒、赵文、张晓敏：《近期中国主要农业国内支持政策评估》，《农业经济问题》2009年第 5 期；Wu S. Yu and Grinsted H. Jensen, "China's Agricultural Policy Transition：Impacts of Recent Reforms and Future Scenarios", *Journal of Agricultural Economics* 61, No.2 (2010)：343-368。

⑥ 刘克春：《粮食生产补贴政策对农户粮食种植决策行为的影响与作用机理分析——以江西省为例》，《中国农村经济》2010 年第 2 期。

⑦ 杜辉、张美文、陈池波：《中国新农业补贴制度的困惑与出路：六年实践的理性反思》，《中国软科学》2010 年第 7 期。

焜等认为农业补贴对农民增收发挥积极作用，但对粮食生产及农资投入的促进作用有限。[1] 除农业补贴政策效果评估外，还有研究通过深度案例调研对农业补贴政策执行过程中存在的偏差现象及其原因进行分析。魏姝研究认为，"职责同构"基础上的逐级发包是政策执行偏差形成的制度原因。其中，地方政府是政策受益者还是受损者、政策实施成本大小，以及政策成本承担者与政策实施者的一致性是影响政策执行的三个关键变量。[2]

为了研究需要，本书将农业"三项补贴"政策执行绩效视作结果变量，试图在分析框架下，通过模糊集定性比较分析方法探究影响地方政府对中央农业支持保护补贴资金利用程度差异的条件变量与机制。具体而言，本书以农业"三补合一"这一具体领域为例，将 2016 年财政部、农业部出台的《关于全面推开农业"三项补贴"改革工作的通知》（财农〔2016〕26号，简称《通知》）中对耕地地力、粮食安全等方面提出的相关要求视为政策目标，将 2016 年各地方政府对中央农业支持保护补贴资金利用的相对有效性视为 2016 年出台《通知》的执行绩效，考察全国 30 个省（区、市）[3] 对 2016 年补贴的执行情况，探究各地方政府对中央农业支持保护补贴资金利用的相对有效性存在显著差异的原因，进而对影响分配性政策执行绩效的核心条件与联动机制进行分析。

第一节　作为分配性政策的农业支持保护补贴政策

一　农业支持保护补贴政策的背景与内容

为保障国家粮食安全、提高农民收入、推动农业与农村发展，中央在 2004 年正式取消农业税的同时，逐步开始向农民发放粮食直接补贴、农资综合补贴、良种补贴。这是从价格支持"暗补"向农民收入"明补"过渡

---

① 黄季焜、王晓兵、智华勇、黄珠容、Scott Rozelle：《粮食直补和农资综合补贴对农业生产的影响》，《农业技术经济》2011 年第 1 期。

② 魏姝：《府际关系视角下的政策执行——对 N 市农业补贴政策执行的实证研究》，《南京农业大学学报》（社会科学版）2012 年第 3 期。

③ 由于材料不可获得，样本库中不包括西藏自治区及港澳台地区。

的重要标志,即从流通环节补贴转向生产环节补贴。自 2006 年以来,中央农业补贴资金逐年增加,2014 年起略有下降。2016 年,中央财政农业补贴资金总额达到 1632.9 亿元,比 2006 年增长了 5 倍有余。① 随着一系列补贴政策的出台,中国农民种粮积极性得到提高,粮食产量与农民收入稳步提升。2018 年,农村居民人均可支配经营净收入为 5358.4 元,是 2008 年的 1.2 倍。② 然而,随着"三农"形势的不断变化,加之核定实际种粮面积的行政成本过高,农业补贴已逐渐演变为农民的收入补贴:许多不种粮、不耕地的农民可以得到补贴,而种粮大户却难以得到除承包地之外的补贴。③ 可见,原有补贴政策对调动种粮积极性、促进粮食生产的效能已然不断降低,农业补贴政策的指向性与精准性越发模糊。此外,受世界贸易组织相关规则的制约与规范,中国农业补贴政策的结构调整迫在眉睫。在世界贸易组织农业协议(The WTO Agreement on Agriculture)框架下,农业补贴分为"绿箱"(green box)政策、"黄箱"(amber box)政策与"蓝箱"(blue box)政策。其中,"绿箱"政策主要指费用不转嫁至消费者、对生产者不提供价格支持且对农产品价格及贸易不产生扭曲作用的 12 项政策。"黄箱"政策主要指政府对农产品价格进行直接干预或补贴的相关措施,主要包括价格支持和农业生产资料补贴两类。"蓝箱"政策主要指与限制生产计划相关,不计入综合支持量的补贴。④ 根据世界贸易组织农业协议要求,中国超过农业生产总值 8.5% 的"黄箱"政策补贴必须进行削减限制,而"绿箱"政策则不受削减限制。⑤ 长期以来,中国农业补贴政策"黄箱"补贴多、"绿箱"补贴少,但在农业补贴强度仍然相对不足的困境下,如若维持现有补贴结构,中国对农业的支持空间将进一步缩小。

在上述瓶颈下,中国农业补贴政策的调整与改革迫在眉睫:不仅要在

---

① 根据《中国统计年鉴》、《国务院政府工作报告》与财政部相关数据计算。

② 根据 2009 年和 2019 年《中国统计年鉴》相关数据计算。需要说明的是,经营净收入指住户或住户成员从事生产经营活动获得的净收入,是全部经营收入中扣除经营费用、生产性固定资产折旧和生产税之后得到的净收入。

③ 张天佐、郭永田、杨洁梅:《基于价格支持和补贴导向的农业支持保护制度改革回顾与展望》,《农业经济问题》2018 年第 11 期。

④ 目前中国尚未实施"蓝箱"政策。

⑤ World Trade Organization, *The WTO Agreements Series Agriculture* (Third Edition), https://www. wto. org/english/res_e/booksp_e/agric_agreement_series_3_e. pdf.

国际规则框架下稳定增大补贴力度，还要促进补贴政策效能的提高。2015年5月13日，财政部与农业部印发《关于调整完善农业三项补贴政策的指导意见》（财农〔2015〕31号），决定在部分地区开展农业"三项补贴"改革试点。2016年4月18日，财政部、农业部联合发布《通知》，将"农作物良种补贴、种粮农民直接补贴和农资综合补贴合并为农业支持保护补贴"，并将农业补贴政策目标调整为"支持耕地地力保护和粮食适度规模经营"。根据《通知》要求，全国各地方政府应"以绿色生态为导向，提高农作物秸秆综合利用水平，引导农民综合采取秸秆还田、深松整地、减少化肥农药用量、施用有机肥等措施，切实加强农业生态资源保护，自觉提升耕地地力"。同时，对于粮食适度规模经营的补贴资金要"重点向种粮大户、家庭农场、农民合作社和农业社会化服务组织等新型经营主体倾斜，体现'谁多种粮食，就优先支持谁'"。自试点开始，各地方政府先后出台农业"三项补贴"改革工作的实施方案。需要指出的是，作为试点的四川省于2015年5月26日率先出台《四川省调整完善农业三项补贴政策实施方案》，成为全国早于中央出台相关政策的9个地方政府之一。截至2016年上半年，包括天津、河北、内蒙古、辽宁、吉林等在内的18个地方政府陆续出台农业"三项补贴"改革工作的实施方案。

在中央政府统一的政策安排下，地方政府结合自身实际情况确定了不同的实施方案，各地补贴对象、补贴标准和补贴依据不尽不同。江西、广东、广西、安徽、四川等地方政府以确权面积或二轮承包地面积为补贴依据。其中，2016年，江西省全省统一的补贴标准为112元/亩；福建省全省直补标准为61.8元/亩，贫困县则额外分配7800元耕地地力保护补贴款；陕西省关中、陕南和陕北补贴标准分别为59元/亩、51元/亩和43元/亩。山东、辽宁、北京、上海等地方政府则以实际种粮面积为补贴依据。其中，2016年，天津市统一补贴标准为95元/亩；山西省则以不同农作物区分统一补贴标准，如小麦为80元/亩、玉米为59元/亩、杂粮为79元/亩、薯类为49元/亩；湖南省以原计税面积为补贴依据，种植一季农作物补贴105/亩、种植双季稻补贴175元/亩；黑龙江以原计税面积或实际种粮面积为补贴依据，全省统一耕地地力保护补贴标准为71.45元/亩；贵州和内蒙古以计税总产为补贴依据，2016 年贵州省补贴标准为 34.34 元/百公斤。[1]

由此可见，为提高农业补贴政策效能，尽管 2016 年财政部、农业部出台的《通知》明确了农业"三项补贴"改革的目标方向和主要内容，然而，通过考察 2016 年农业"三项补贴"政策改革后各地方政府对中央农业支持保护补贴资金利用的相对有效性可以看出，各地农业补贴的政策执行效能高低各异。有些地方补贴资金利用的相对有效性较高，有些地方补贴资金利用的相对有效性较低。为何各地农业支持保护补贴政策效能存在显著的差异？为探究这一原因，本书将各地方政府对 2016 年中央政府下达的农业支持保护补贴资金利用的相对有效性视为 2016 年出台的《通知》的执行绩效，考察全国 30 个地方政府对农业支持保护补贴政策的执行情况，并对影响分配性政策执行绩效的核心条件与联动机制进行分析。

二 关于案例选择的说明

关于农业支持保护补贴政策这一案例的选择是基于以下原因。

首先，根据洛伊的政策类型理论，分配性政策是强制发生可能性较低且直接作用于个体行为的一类政策。作为保障国家粮食安全、保护耕地地力、促进粮食适度规模经营的重要政策之一，农业支持保护补贴政策旨在通过公共利益分配对农户个体种植行为进行调节。由此，农业支持保护补贴政策是典型的分配性政策，案例选择具有一定程度的代表性。

其次，关于中国农业补贴政策执行的问题，学界开展了丰富的研究。一方面，相关研究通过案例分析不同层级政府在农业补贴政策执行过程中的角色，并对不同层级政府政策执行偏差的原因进行分析。[2] 另一方面，部分研究开始对农业支持保护补贴政策绩效进行分析。基于湖南省调研的微观数据，周静和曾福生对农业支持保护补贴的政策认知及满意度进行分析，研究认为，种粮大户对补贴标准的了解普遍较高，但对补贴过程中的公平性与补贴政策目标了解较少。此外，研究得出，对补贴标准的认知程度而

---

[1] 上述资料根据各地方政府财政厅、农业厅（农业委员会）网站相关文件及信息整理。

[2] 魏姝：《府际关系视角下的政策执行——对 N 市农业补贴政策执行的实证研究》，《南京农业大学学报》（社会科学版）2012 年第 3 期。

非对政策的参与度对政策满意度具有显著影响。[1] 基于农户策略选择的博弈经济分析视角，王莉和周密对农业支持保护补贴政策效应进行研究，指出当农民种粮收益低于务工收益时，补贴政策难以实现预期目标。[2] 彭炎辉对中央及部分地方耕地地力保护补贴政策进行内容分析，结果表明，补贴政策对保护耕地地力发挥的作用有限。[3] 需要指出的是，虽然近年来关于农业支持保护补贴的研究日益增多，但不同研究理论对话的空间尚待挖掘，关于影响农业支持保护补贴政策执行绩效的研究有待进一步深入。

最后，选择农业支持保护补贴政策作为案例还具有较强的现实意义。确保粮食供给是实施乡村振兴战略的首要任务。然而，随着中国工业化与城市化速度的加快，中国耕地面积不足、耕地质量不高等问题更为凸显。推动藏粮于地、保护耕地地力成为提升粮食产能的重要措施。[4] 在这一背景下，农业支持保护补贴对于切实保障国家粮食安全、提升粮食产量、保护耕地地力具有重要的推动作用。因此，如何提高农业支持保护补贴政策效能对于农业可持续发展与乡村振兴具有重要意义，也是关乎农业生产领域供给侧结构性改革成功的关键。此外，在世界贸易组织农业协议框架限制下，中国农业补贴政策的有效改革还有助于提升国内农产品竞争力，缓解进口农产品对国内市场的冲击，维持中国农业的稳定发展。

第二节　变量设计与数据来源

一　结果变量的设计与校准

本书以全国各地方政府对 2016 年中央政府下达的农业支持保护补贴资金的利用情况为例考察分配性政策的执行绩效。2016 年 4 月 18 日，财政部与农业部联合发布的《通知》指出，为支持耕地地力保护、促进粮食适度

---

① 周静、曾福生：《农业支持保护补贴的政策认知及其对满意度的影响研究——基于湖南省 419 个稻作大户的调查》，《农村经济》2019 年第 4 期。

② 王莉、周密：《农业支持保护补贴政策效应研究——基于农户策略选择的博弈经济分析》，《财经理论与实践》2017 年第 3 期。

③ 彭炎辉：《耕地地力保护补贴政策的效果评价及改进建议》，《中州学刊》2017 年第 12 期。

④ 《国务院办公厅关于切实加强高标准农田建设提升国家粮食安全保障能力的意见》（国办发〔2019〕50 号），http://www.gov.cn/zhengce/content/2019-11/21/content_5454205.htm。

规模经营、提高补贴效能，各地应于 2016 年起积极推进农业"三补合一"改革，即"将农作物良种补贴、种粮农民直接补贴和农资综合补贴合并为农业支持保护补贴"①。因此，本书将各地方政府对 2016 年中央政府下达的农业支持保护补贴资金利用的相对有效性作为分配性政策执行绩效的代理变量。具体而言，本书将各地方政府视为决策单元（Decision Making Unit，DMU），选择 2016 年中央财政对全国各地方政府分配的农业支持保护补贴资金作为一个投入指标，选择 2016 年全国各地方粮食播种面积、粮食产量作为两个产出指标，农用化肥施用量为非期望产出指标，运用数据包络分析（DEA）方法对各省（区、市）2016 年农业"三补合一"资金利用有效性进行计算。关于投入和产出指标数据的描述性统计见表 5.2。其中，2016年中央财政农业支持保护补贴资金分配的数据来源于财政部网站中央对地方转移支付管理平台；2016 年粮食播种面积和粮食产量两个数据来源于国家统计局发布的《关于 2016 年粮食产量数据的公告》；2016 年农用化肥施用量来源于《中国农村统计年鉴 2017》。

表 5.2　分配性政策结果变量的描述性统计

项目	个案数（个）	最小值	最大值	平均值	标准差
粮食播种面积（千公顷）	30	87.3	11804.7	3761.7	2915.7
粮食产量（万吨）	30	53.7	6058.6	2050.8	1662.9
农用化肥施用量（万吨）	30	8.8	715.0	199.28	151.76
农业支持保护补贴资金（万元）	30	19936.0	1431666	467065.9	365631.4
有效个案数	30				

资料来源：笔者根据财政部网站、国家统计局发布的《关于 2016 年粮食产量数据的公告》和《中国农村统计年鉴 2017》整理。

数据包络分析是基于"相对效率"概念，根据多指标投入和产出对同类型决策单元进行相对有效性或效率评价的系统分析方法。②需要指出的是，尽管数据包络分析可以对决策单元的有效性进行测量，但无法通过比

---

① 参见《财政部　农业部关于全面推开农业"三项补贴"改革工作的通知》，http://www.mof.gov.cn/gkml/caizhengwengao/wg2016/wg201606/201610/t20161021_2440126.htm。

② 余学林：《数据包络分析（DEA）的理论、方法与应用》，《科学学与科学技术管理》1992年第 9 期。

较评价值大小对无效决策单元之间的优劣进行判断。由此，本书首先对所有决策单元进行一次评价；在剔除有效决策单元后，对剩余无效决策单元进行二次评价；在剔除二级有效决策单元后，对剩余无效决策单元进行三次评价，最终得到 DEA 三级有效评价结果。表 5.3 为通过数据包络分析对各地方政府对中央农业支持保护补贴资金利用的相对有效性的评价结果。

表 5.3　2016 年中央农业支持保护补贴资金的 DEA 分级有效性评价结果

地区	第一次评价值	第一级有效性	第二次评价值	第二级有效性	第三次评价值	第三级有效性
北京	1.000	有效	—	—	—	—
天津	1.000	有效	—	—	—	—
河北	0.935	无效	0.994	无效	1.000	有效
山西	1.000	有效	—	—	—	—
内蒙古	1.000	有效	—	—	—	—
辽宁	0.963	无效	1.000	有效	—	—
吉林	0.957	无效	1.000	有效	—	—
黑龙江	1.000	有效	—	—	—	—
上海	1.000	有效	—	—	—	—
江苏	0.983	无效	1.000	有效	—	—
浙江	0.945	无效	1.000	有效	—	—
安徽	0.888	无效	1.000	有效	—	—
福建	0.923	无效	0.988	无效	1.000	有效
江西	0.932	无效	1.000	有效	—	—
山东	1.000	有效	—	—	—	—
河南	1.000	有效	—	—	—	—
湖北	0.898	无效	0.955	无效	1.000	有效
湖南	0.910	无效	0.943	无效	1.000	有效
广东	0.967	无效	1.000	有效	—	—
广西	0.905	无效	0.946	无效	0.982	无效
海南	0.676	无效	1.000	有效	—	—
重庆	0.978	无效	1.000	有效	—	—
四川	0.964	无效	1.000	有效	—	—
贵州	0.986	无效	1.000	有效	—	—
云南	1.000	有效	—	—	—	—
陕西	0.921	无效	0.959	无效	1.000	有效

续表

地区	第一次 评价值	第一级 有效性	第二次 评价值	第二级 有效性	第三次 评价值	第三级 有效性
甘肃	1.000	有效	—	—	—	—
青海	1.000	有效	—	—	—	—
宁夏	0.886	无效	1.000	有效	—	—
新疆	1.000	有效	—	—	—	—

资料来源：笔者根据财政部网站、国家统计局发布的《关于 2016 年粮食产量数据的公告》和《中国农村统计年鉴 2017》计算获得。

本书采用间接法对分配性政策的结果变量进行校准，目标集为分配性政策高效执行的地区集合。本书根据 DEA 分级有效性评价结果将各地方政府对 2016 年中央政府下达的农业支持保护补贴资金利用的相对有效性这一结果变量划分为四个隶属级别，并对各样本的目标集隶属度进行初步估计；其次利用分段对数模型对隶属度进行校准。具体而言，本书将 DEA 一级有效的地方样本的假定隶属度划分为完全隶属；将 DEA 二级有效的地方样本的假定隶属度划分为偏隶属；将 DEA 三级有效的地方样本的假定隶属度划分为偏不隶属；将 DEA 三级无效的地方样本的假定隶属度划分为完全不隶属（见表 5.4）。本书利用间接法对结果变量进行校准后，各样本集合隶属分数见表 5.5。

表 5.4　分配性政策结果变量隶属度分级及取值标准

项目		取值标准
个案数（个）	有效	30
	缺失	0
隶属级别划分标准	DEA 分级有效性评价	
假定隶属度取值标准	完全隶属	DEA 一级有效
	偏隶属	DEA 二级有效
	偏不隶属	DEA 三级有效
	完全不隶属	DEA 三级无效

资料来源：笔者根据财政部网站、国家统计局发布的《关于 2016 年粮食产量数据的公告》和《中国农村统计年鉴 2017》相关数据整理。

表 5.5　分配性政策结果变量校准后各样本集合隶属分数

地区	校准后隶属分数	地区	校准后隶属分数
北京	0.94	河南	0.94
天津	0.94	湖北	0.32
河北	0.53	湖南	0.37
山西	0.94	广东	0.77
内蒙古	0.94	广西	0.35
辽宁	0.74	海南	0.73
吉林	0.70	重庆	0.84
黑龙江	0.94	四川	0.75
上海	0.94	贵州	0.89
江苏	0.87	云南	0.94
浙江	0.60	陕西	0.43
安徽	0.28	甘肃	0.94
福建	0.44	青海	0.94
江西	0.50	宁夏	0.28
山东	0.94	新疆	0.94

资料来源：笔者自制。

二　条件变量的设计与校准

基于分析框架，本书从资源、组织、社会 3 个一级条件抽取 7 个二级条件作为条件变量。根据研究需要及变量特性，本书对中央支持、制度基础与制度激励 3 个条件变量采用清晰集的二元校准方式，即指定一个定性锚点，将条件变量的原始测量转化为"完全隶属"（1）或"完全不隶属"（0）；对财政资金、关系资本、专家参与、外部压力 4 个条件变量则采用模糊集校准方式。对分配性政策执行绩效条件变量校准的外部标准与隶属度取值标准见表 5.6。

表 5.6   分配性政策执行绩效条件变量校准的外部标准与隶属度取值标准

维度	变量	目标集	外部标准	隶属度取值标准			
				完全隶属	偏隶属	偏不隶属	完全不隶属
资源条件	财政资金	具有充裕财政资金的地区集合	2016 年地方财政农林水事务支出增长率在所有财政支出科目中的排名	1	0.67	0.33	0
	关系资本	职能部门"一把手"具有丰富关系资本的地区集合	2016 年职能部门"一把手"曾任职部门数量	1	0.67	0.33	0
组织条件	中央支持	具有较强中央支持的地区集合	被确立为农业"三项补贴"改革政策试点	1	—	—	0
	制度基础	具有健全制度基础的地区集合	出台地方农业"三项补贴"改革实施方案的时间	1	—	—	0
	制度激励	具有明确制度激励的地区集合	出台地方粮食安全省长责任制考核办法的时间	1	—	—	0
社会条件	专家参与	具有充分专家参与与支持的地区集合	高等院校农学 R&D 课题数量	1	0.67	0.33	0
	外部压力	具有较强外部压力的地区集合	中央纪委国家监委网站曝光骗取、挪用、虚报、冒领、截留种粮补贴款的问题数量	1	0.67	0.33	0

资料来源：笔者自制。

（一）资源条件

（1）财政资金

不同地方政府对农业工作的财政投入多少可以直接反映执行主体资源条件的优劣程度。因此，为衡量各地农业主管部门财政资金的充裕程度，本书首先分别计算包括地方财政教育事业费支出、地方财政科学事业费支出、地方财政医疗卫生支出、地方财政一般公共服务支出等在内的 13 门科目地方财政支出在 2016 年的增长率[①]情况，进而对各地方财政农林水事务

———————

[①]   例如，（2016 年地方财政农林水事务支出−2015 年地方财政农林水事务支出）/2015 年地方财政农林水事务支出。为了统一数据口径，本书未对农、林、水三者进行拆分。

支出增长率在 13 门科目中的排名情况进行统计，结果见表 5.7。关于各地方财政支出的相关数据为笔者根据 2015～2016 年《中国财政年鉴》整理获得。

表 5.7 2016 年各地方财政农林水事务支出增长率在所有财政支出科目中的排名

地区	排名	地区	排名
北京	9	河南	11
天津	10	湖北	5
河北	4	湖南	9
山西	3	广东	10
内蒙古	4	广西	3
辽宁	5	海南	9
吉林	1	重庆	8
黑龙江	1	四川	7
上海	9	贵州	3
江苏	9	云南	7
浙江	8	陕西	6
安徽	5	甘肃	10
福建	10	青海	2
江西	9	宁夏	2
山东	11	新疆	4

资料来源：笔者根据 2015～2016 年《中国财政年鉴》计算。

本书将采用间接法对分配性政策中财政资金这一条件变量进行校准，目标集为具有充裕财政资金的地区集合。本书首先根据上四分位数、中位数以及下四分位数将各地方政府具有与农业相关的财政资金多寡这一条件变量划分为四个隶属级别，并对各样本的目标集隶属度进行初步估计；其次利用分段对数模型对隶属度进行校准。具体而言，本书将执行主体具有与农业相关的财政资金增长率排名不小于下四分位数的地方样本的假定隶属度划分为完全隶属；将执行主体具有与农业相关的财政资金增长率排名小于下四分位数且大于等于中位数的地方样本的假定隶属度划分为偏隶属；将执行主体具有与农业相关的财政资金增长率排名小于中位数且大于等于上四分位数的地方样本的假定隶属度划分为偏不隶属；将执行主体具有与农业相关的财政资金增长率排名小于上四分位数的地方样本的假定隶属度划分为完全不隶属（见表5.8）。本书利用间接法对财政资金这一条件变量进行校准后，各样本集合隶属分数见表5.9。

表5.8　分配性政策财政资金（条件变量）隶属度分级及取值标准

项目		取值标准
个案数（个）	有效	30
	缺失	0
隶属级别划分标准	上四分位数	3.75
	中位数	7
	下四分位数	9
假定隶属度取值标准	完全隶属	≥9
	偏隶属	[7，9)
	偏不隶属	[3.75，7)
	完全不隶属	<3.75

资料来源：笔者根据2015~2016年《中国财政年鉴》整理。

表5.9　分配性政策财政资金（条件变量）校准后各样本集合隶属分数

地区	校准后隶属分数	地区	校准后隶属分数
北京	0.96	河南	1.00
天津	0.99	湖北	0.32
河北	0.17	湖南	0.96
山西	0.06	广东	0.99
内蒙古	0.17	广西	0.06
辽宁	0.32	海南	0.96
吉林	0.00	重庆	0.87
黑龙江	0.00	四川	0.70
上海	0.96	贵州	0.06
江苏	0.96	云南	0.70
浙江	0.87	陕西	0.49
安徽	0.32	甘肃	0.99
福建	0.99	青海	0.00
江西	0.96	宁夏	0.00
山东	1.00	新疆	0.17

资料来源：笔者自制。

（2）关系资本

在行政关系人缘化的大背景下，履职经历越为丰富的官员，其关系网络越为复杂，在推进农业"三补合一"政策的落实方面通常具有的关系资本越丰富。因此，本书以 2016 年各地方农业农村厅厅长曾任职部门数量来衡量执行部门的关系资本。关于各地方农业农村厅厅长曾任职部门的相关数据，笔者结合地方农业农村厅官方网站与权威媒体资料公开发布的"一把手"履历信息整理获得。

本书将采用间接法对分配性政策中关系资本这一条件变量进行校准，目标集为职能部门"一把手"具有丰富关系资本的地区集合。本书首先根据上四分位数、中位数以及下四分位数将各地方农业农村厅"一把手"曾任职部门数量这一条件变量划分为四个隶属级别，并对各样本的目标集隶属度进行初步估计；其次利用分段对数模型对隶属度进行校准。具体而言，本书将地方农业农村厅"一把手"曾任职部门数量不小于下四分位数的地方样本的假定隶属度划分为完全隶属；将地方农业农村厅"一把手"曾任职部门数量小于下四分位数且大于等于中位数的地方样本的假定隶属度划分为偏隶属；将地方农业农村厅"一把手"曾任职部门数量小于中位数且大于等于上四分位数的地方样本的假定隶属度划分为偏不隶属；将地方农业农村厅"一把手"曾任职部门数量小于上四分位数的地方样本的假定隶属度划分为完全不隶属（见表 5.10）。本书利用间接法对关系资本这一条件变量进行校准后，各样本集合隶属分数见表 5.11。

表 5.10　分配性政策关系资本（条件变量）隶属度分级及取值标准

项目		取值标准
个案数（个）	有效	30
	缺失	0
隶属级别划分标准	上四分位数	5
	中位数	8
	下四分位数	11
假定隶属度取值标准	完全隶属	≥11
	偏隶属	[8, 11)
	偏不隶属	[5, 8)
	完全不隶属	<5

资料来源：笔者根据自建数据库整理。

表 5.11　分配性政策关系资本（条件变量）校准后各样本集合隶属分数

地区	校准后隶属分数	地区	校准后隶属分数
北京	0.18	河南	0.58
天津	0.00	湖北	0.99
河北	0.01	湖南	0.58
山西	0.77	广东	0.37
内蒙古	0.96	广西	0.96
辽宁	0.00	海南	0.89
吉林	0.01	重庆	0.37
黑龙江	0.18	四川	0.96
上海	0.77	贵州	0.77
江苏	0.06	云南	0.58
浙江	0.96	陕西	1.00
安徽	0.99	甘肃	0.77
福建	0.00	青海	0.58
江西	0.06	宁夏	0.96
山东	0.37	新疆	0.00

资料来源：笔者自制。

（二）组织条件

（1）中央支持

在不增加农业补贴种类的前提下，为切实推动农业补贴改革工作、调动种粮农民积极性、提高种粮农民收入水平，经国务院同意，财政部与农业部于 2015 年印发《关于调整完善农业三项补贴政策的指导意见》，决定在部分地区开展农业"三项补贴"改革试点，将 80% 的农资综合补贴、种粮农民直接补贴与农作物良种补贴资金用于耕地地力保护。中央试点对地方改革工作的开展具有重要推动作用，因此，本书采用清晰集的二元校准方式对分配性政策中的中央支持这一条件变量进行校准，目标集为具有较强中央支持的地区集合。若地方被确立为农业"三项补贴"改革试点，则样本的目标集隶属度为 1；若未被确立为试点项目，则样本的目标集隶属度为 0。农业"三项补贴"改革试点情况的相关数据为笔者根据财政部与农业部出台的文件信息整理获得。

（2）制度基础

2015 年 5 月 13 日，财政部与农业部联合发布《关于调整完善农业三项补贴政策的指导意见》，对农业补贴改革做出安排部署。在总结试点经验的基础上，2016 年 4 月 18 日财政部与农业部联合发布《通知》，正式在全国推进农业"三项补贴"改革工作。为落实中央政策，各地方政府先后出台农业"三项补贴"改革实施方案。其中，四川省于 2015 年印发《四川省调整完善农业三项补贴政策实施方案》①，成为全国最早出台农业"三项补贴"改革实施方案的地方政府。由于中央政策要求地方"抓紧制定实施方案，务必于 6 月 30 日前将需兑现到农民手中的补贴资金发放到位"②。因此，本书以半年为界限衡量地方关于农业"三补合一"政策制度基础的健全程度。本书采用清晰集的二元校准方式对制度基础这一条件变量进行校准，目标集为具有健全制度基础的地区集合。若地方政府于 2016 年上半年（2016 年 7 月 1 日以前）出台了本地区农业"三项补贴"改革实施方案，则样本的目标集隶属度为 1；若上半年未出台相关方案，则样本的目标集隶属度为 0。关于各地方是否出台农业"三项补贴"改革实施方案的相关数据为笔者结合北大法宝、法律之星、权威媒体资料及地方人民政府官网信息整理获得。

（3）制度激励

2015 年 1 月 22 日，国务院发布《关于建立健全粮食安全省长责任制的若干意见》，从稳定发展粮食生产、提高粮食生产能力、保护农民种粮积极性、管好地方粮食储备等方面明确各地方政府承担保障地区粮食安全的主体责任。③ 2015 年 11 月 12 日，国务院办公厅印发《粮食安全省长责任制考核办法》，正式建立监督考核机制，并要求各地方政府于 2015 年 12 月 31 日

---

① 参见《我省下发调整完善农业三项补贴政策实施方案》，https：//www.sc.gov.cn/10462/10464/10797/2015/5/30/10337871.shtml？cid＝303。

② 参见《财政部　农业部关于全面推开农业"三项补贴"改革工作的通知》，http：//www.mof.gov.cn/gkml/caizhengwengao/wg2016/wg201606/201610/t20161021_2440126.htm。

③ 参见《国务院关于建立健全粮食安全省长责任制的若干意见》（国发〔2014〕69 号），http：//www.gov.cn/zhengce/content/2015-01/22/content_9422.htm。

及之前制定地区粮食安全省长责任制考核办法。① 自 2016 年起，国家每年组织相关部门对各地方粮食安全省长责任制进行考核，并对考核结果进行通报。可见，粮食安全省长责任制已与问责机制密切相关。因此，本书采用清晰集的二元校准方式对制度激励这一条件变量进行校准，目标集为具有明确制度激励的地区集合。若地方政府于 2015 年 12 月 31 日及之前出台地方粮食安全省长责任制考核办法，则样本的目标集隶属度为 1；若于 2015 年 12 月 31 日之后出台该办法，则样本的目标集隶属度为 0。关于各地方何时出台粮食安全省长责任制考核办法，笔者对 30 个省（区、市）的相关信息进行逐个检索与挖掘，遵循地方政府网站、北大法宝、法律之星、权威媒体资料的检索顺序，最大程度保证样本信息来源不少于三种，以进行三角互证，保证样本信息的效度与信度。②

（三）社会条件

（1）专家参与

科研创新对"三农"事业的发展具有积极意义，有助于"推进农业农村现代化、确保国家粮食安全、提高亿万农民生活水平和思想道德素质"③。2019 年 6 月 28 日，全国涉农高校共同发布的《安吉共识——中国新农科建设宣言》也强调，以协同发展推动优质教育资源共享互动，把教育资源与科研资源紧密对接整合，更加有效保障粮食安全。④ 在一定程度上，高校承接越多有关农学领域的课题研究、对涉农问题决策的专家参与越为充分，越有利于促进涉农问题决策的科学化。因此，本书通过统计各地方人均高等院校农学 R&D 课题数量衡量各地专家参与的充分性。关于各地方人均高等院校农学 R&D 课题数量的相关数据为笔者根据《中国科技统计年鉴2017》及《中国人口和就业统计年鉴 2017》整理获得。

---

① 参见《国务院办公厅关于印发粮食安全省长责任制考核办法的通知》（国办发〔2015〕80 号），http：//www. gov. cn/zhengce/content/2015-11/12/content_10286. htm。
② Robert K. Yin, *Case Study Research：Design and Method*（California：Sage Publications, 1994），pp. 92-113.
③ 《习近平回信寄语全国涉农高校广大师生：以立德树人为根本 以强农兴农为己任》，《人民日报》2019 年 9 月 7 日。
④ 《中英全文｜〈安吉共识——中国新农科建设宣言〉震撼发布（2019 年 6 月 28 日）》，https：//xnklm. sxau. edu. cn/info/1012/1032. htm。

本书采用间接法对分配性政策中专家参与这一条件变量进行校准，目标集为具有充分专家参与支持的地区集合。本书首先根据上四分位数、中位数以及下四分位数将各地方人均高等院校农学 R&D 课题数量这一条件变量划分为四个隶属级别，并对各样本的目标集隶属度进行初步估计；其次利用分段对数模型对隶属度进行校准。具体而言，本书将各地方人均高等院校农学 R&D 课题数量不小于下四分位数的地方样本的假定隶属度划分为完全隶属；将各地方人均高等院校农学 R&D 课题数量小于下四分位数且大于等于中位数的地方样本的假定隶属度划分为偏隶属；将各地方人均高等院校农学 R&D 课题数量小于中位数且大于等于上四分位数的地方样本的假定隶属度划分为偏不隶属；将各地方人均高等院校农学 R&D 课题数量小于上四分位数的地方样本的假定隶属度划分为完全不隶属（见表5.12）。本书利用间接法对专家参与这一条件变量进行校准后，各样本集合隶属分数见表5.13。

表 5.12　分配性政策专家参与（条件变量）隶属度分级及取值标准

项目		取值标准
个案数（个）	有效	30
	缺失	0
隶属级别划分标准	上四分位数	0.3407
	中位数	0.5857
	下四分位数	1.4187
假定隶属度取值标准	完全隶属	≥1.4187
	偏隶属	[0.5857, 1.4187)
	偏不隶属	[0.3407, 0.5857)
	完全不隶属	<0.3407

资料来源：笔者根据《中国科技统计年鉴2017》及《中国人口和就业统计年鉴2017》整理。

表 5.13　分配性政策专家参与（条件变量）校准后各样本集合隶属分数

地区	校准后隶属分数	地区	校准后隶属分数
北京	1.00	河南	0.15
天津	1.00	湖北	0.78
河北	0.01	湖南	0.45
山西	0.11	广东	0.76
内蒙古	0.02	广西	0.04
辽宁	0.95	海南	0.08
吉林	0.61	重庆	0.76
黑龙江	1.00	四川	0.63
上海	1.00	贵州	0.13
江苏	0.97	云南	0.14
浙江	0.84	陕西	0.91
安徽	0.44	甘肃	0.33
福建	0.57	青海	0.35
江西	0.11	宁夏	0.34
山东	0.46	新疆	0.08

资料来源：笔者自制。

（2）外部压力

中纪委网站在监督举报版块设立"侵害群众利益的不正之风和腐败问题"专区。2016 年，中纪委网站共曝光 1157 件侵害群众利益的不正之风和腐败问题，包括侵占及挪用集体资金，骗取低保金、国家补贴款、扶贫资金等。对滥用补贴资金情况的监督曝光可以视作地方政府切实落实补贴政策外部压力的主要来源之一。因此，本书统计 2016 年各省（区、市）曝光的与骗取、挪用、虚报、冒领、截留种粮补贴款相关的问题数量。关于外部压力的相关数据为笔者根据中纪委网站曝光的 2016 年各地方侵害群众利益的不正之风和腐败问题整理获得。

本书采用间接法对分配性政策中外部压力这一条件变量进行校准，目标集为具有较强外部压力的地区集合。本书首先根据上四分位数、中位数以及下四分位数将各地方政府感受到的补贴政策落实外部压力这一条件变量划分为四个隶属级别，并对各样本的目标集隶属度进行初步估计；其次利用分段对数模型对隶属度进行校准。具体而言，本书将各地方政府感受到的补贴政策落实外部压力不小于下四分位数的地方样本的假定隶属度划分为完全隶属；

将各地方政府感受到的补贴政策落实外部压力小于下四分位数且大于等于中位数的地方样本的假定隶属度划分为偏隶属；将各地方政府感受到的补贴政策落实外部压力小于中位数且大于等于上四分位数的地方样本的假定隶属度划分为偏不隶属；将各地方政府感受到的补贴政策落实外部压力小于上四分位数的地方样本的假定隶属度划分为完全不隶属（见表5.14）。本书利用间接法对外部压力这一条件变量进行校准后，各样本集合隶属分数见表5.15。

表5.14 分配性政策外部压力（条件变量）隶属度分级及取值标准

项目		取值标准
个案数（个）	有效	30
	缺失	0
隶属级别划分标准	上四分位数	1
	中位数	3.5
	下四分位数	6
假定隶属度取值标准	完全隶属	≥6
	偏隶属	[3.5, 6)
	偏不隶属	[1, 3.5)
	完全不隶属	<1

资料来源：笔者根据中纪委网站关于2016年侵害群众利益的不正之风和腐败问题情况整理。

表5.15 分配性政策外部压力（条件变量）校准后各样本集合隶属分数

地区	校准后隶属分数	地区	校准后隶属分数
北京	0.02	河南	0.93
天津	0.98	湖北	0.02
河北	1.00	湖南	0.93
山西	0.81	广东	0.81
内蒙古	0.62	广西	0.39
辽宁	0.62	海南	0.00
吉林	0.02	重庆	0.17
黑龙江	0.39	四川	0.00
上海	0.62	贵州	0.00
江苏	0.39	云南	0.00
浙江	0.02	陕西	1.00
安徽	0.62	甘肃	0.17
福建	0.02	青海	0.02
江西	0.98	宁夏	0.98
山东	1.00	新疆	0.81

资料来源：笔者自制。

至此，本书完成了关于分配性政策执行绩效的 7 个条件变量及 1 个结果变量的校准工作，校准后各样本集合隶属分数见表 5.16。

表 5.16　分配性政策相关变量校准后各样本集合隶属分数

地区	财政资金	关系资本	中央支持	制度基础	制度激励	专家参与	外部压力	农业补贴
北京	0.96	0.18	0	0	1	1.00	0.02	0.94
天津	0.99	0.00	0	1	0	1.00	0.98	0.94
河北	0.17	0.01	0	1	1	0.01	1.00	0.53
山西	0.06	0.77	0	0	0	0.11	0.81	0.94
内蒙古	0.17	0.96	0	1	0	0.02	0.62	0.94
辽宁	0.32	0.00	0	1	1	0.95	0.62	0.74
吉林	0.00	0.01	0	1	1	0.61	0.02	0.70
黑龙江	0.00	0.18	0	0	0	1.00	0.39	0.94
上海	0.96	0.77	0	0	0	1.00	0.62	0.94
江苏	0.96	0.06	0	1	1	0.97	0.39	0.87
浙江	0.87	0.96	1	0	1	0.84	0.02	0.60
安徽	0.32	0.99	1	0	1	0.44	0.62	0.28
福建	0.99	0.00	0	0	1	0.57	0.02	0.44
江西	0.96	0.06	0	1	1	0.11	0.98	0.50
山东	1.00	0.37	1	1	1	0.46	1.00	0.94
河南	1.00	0.58	0	1	1	0.15	0.93	0.94
湖北	0.32	0.99	0	1	1	0.78	0.02	0.32
湖南	0.96	0.58	1	1	1	0.45	0.93	0.37
广东	0.99	0.37	0	0	1	0.76	0.81	0.77
广西	0.06	0.96	0	0	1	0.04	0.39	0.35
海南	0.96	0.89	0	0	1	0.08	0.00	0.73
重庆	0.87	0.37	0	1	1	0.76	0.17	0.84
四川	0.70	0.96	1	1	1	0.63	0.00	0.75
贵州	0.06	0.77	0	1	1	0.13	0.00	0.89
云南	0.70	0.58	0	1	0	0.14	0.00	0.94
陕西	0.49	1.00	0	0	0	0.91	1.00	0.43
甘肃	0.99	0.77	0	0	1	0.33	0.17	0.94
青海	0.00	0.58	0	1	0	0.35	0.02	0.92
宁夏	0.00	0.96	0	0	1	0.34	0.98	0.34
新疆	0.17	0.00	0	1	0	0.08	0.81	0.92

资料来源：笔者自制。

第三节　研究发现与讨论

一　分配性政策执行绩效：由多因素共同作用的结果

通过 fsQCA 3.0 软件，本书对分配性政策单一条件变量的必要性进行分析。由表 5.17 可见，所有条件变量的一致性均小于 0.9，表明任一条件变量都无法独立对农业"三项补贴"政策执行绩效产生影响。同时，这也证明每个条件变量与农业"三项补贴"政策执行绩效之间不存在线性关系，即农业"三项补贴"政策执行绩效是由多因素共同作用的结果。由此，本书将对条件变量的组合进行分析，探究影响分配性政策执行绩效的联动机制。

表 5.17　分配性政策单一条件变量必要性分析

项目	分配性政策执行高绩效		分配性政策执行低绩效	
条件变量	一致性	覆盖度	一致性	覆盖度
财政资金	0.60	0.91	0.78	0.19
~财政资金	0.47	0.93	0.64	0.21
关系资本	0.58	0.95	0.63	0.17
~关系资本	0.49	0.89	0.83	0.24
中央支持	0.16	0.84	0.18	0.16
~中央支持	0.84	0.86	0.81	0.14
制度基础	0.56	0.85	0.60	0.15
~制度基础	0.44	0.87	0.40	0.13
制度激励	0.68	0.84	0.80	0.16
~制度激励	0.32	0.91	0.20	0.09
专家参与	0.54	0.93	0.84	0.23
~专家参与	0.55	0.95	0.75	0.21
外部压力	0.51	0.93	0.73	0.21
~外部压力	0.56	0.93	0.75	0.20

结果变量：农业"三项补贴"政策执行绩效

资料来源：笔者自制。

二 "资源主导"的适配联动：分配性政策高效执行的实现路径

将案例频数阈值设置为 1、Raw 一致性阈值设置为 0.9、PRI 一致性阈值设置为 0.7，本书构建的分配性政策高效执行的部分真值表如表 5.18 所示。本书选择中间解对导致结果的条件组合进行讨论，中间解结果见表 5.19。中间解的总体一致性为 0.92，这表明对于满足 6 条路径的所有案例而言，有 92%的地方政府具有较高的分配性政策执行绩效。

表 5.18 分配性政策高效执行的部分真值表（未显示逻辑余项）

财政资金	关系资本	中央支持	制度基础	制度激励	专家参与	外部压力	农业补贴
1	1	0	0	1	0	0	1
1	0	0	0	1	1	0	1
1	0	0	1	1	1	0	1
0	1	0	1	0	0	0	1
1	1	0	1	0	0	0	1
0	1	0	0	1	0	0	1
0	1	0	1	1	0	0	1
0	0	0	0	0	1	0	1
0	0	0	1	1	1	0	1
0	1	0	1	1	1	0	1
1	1	1	1	1	1	0	1
0	1	0	0	0	0	1	1
0	0	0	1	0	0	1	1
0	1	0	1	0	0	1	1
0	1	0	0	1	0	1	1
0	1	1	0	1	0	1	1
1	1	0	1	1	0	1	1
1	0	1	1	1	0	1	1
1	1	1	1	1	0	1	1
0	1	0	0	0	1	1	1
1	1	0	0	0	1	1	1
1	0	0	0	1	1	1	1
0	0	0	1	1	1	1	1
1	0	0	1	0	1	1	1
1	0	0	1	1	0	1	1
1	1	1	0	1	1	0	1
0	0	0	1	1	0	1	0

资料来源：笔者自制。

表 5.19 分配性政策高效执行的组态——中间解

组态	原始覆盖度	净覆盖度	一致性
制度基础 * ~制度激励 * 外部压力	0.093	0.025	0.98
财政资金 * 制度基础 * 外部压力	0.221	0.069	0.92
关系资本 * 制度基础	0.259	0.038	0.97
关系资本 * 制度激励	0.400	0.074	0.94
关系资本 * 外部压力	0.290	0.027	0.99
专家参与	0.542	0.165	0.93
总体覆盖度：0.91；总体一致性：0.92			

资料来源：笔者自制。

对组态的分析要引入核心要素与边缘要素。通过比较简单解与中间解，本书得出影响分配性政策高效执行的组态（见表 5.20）。

表 5.20 分配性政策高效执行的组态

项目	社会型	资源主导型	环境型	资源主导型		
	组态 1	组态 2	组态 3	组态 4a	组态 4b	组态 4c
资源条件						
财政资金		●				
关系资本				●	●	●
组织条件						
中央支持						
制度基础		●	●	●		
制度激励					●	
社会条件						
专家参与	●					
外部压力		●	●			●
一致性	0.93	0.92	0.98	0.97	0.94	0.99
原始覆盖度	0.542	0.221	0.093	0.259	0.400	0.290
净覆盖度	0.165	0.069	0.025	0.038	0.074	0.027
总体一致性	0.92					
总体覆盖度	0.91					

注：●或 • 表示该条件存在，"空白"表示构型中该条件可存在、可不存在；●表示核心条件，• 表示辅助条件。

资料来源：笔者自制。

（一）社会型

组态 1 表明，无论执行主体具有的资源条件及其所处的组织条件如何，只要政策议题获得较为广泛的专家参与，分配性政策便可以高效执行。这意味着与资源及组织条件相比，社会条件对于推动分配性政策高效执行具有至关重要的作用。由于该组态下专家参与可以单独构成分配性政策得以高效执行的充分条件，因此本书将这一组态称为"社会型"。代表案例为北京、福建、江苏和重庆。

（二）环境型

组态 3 表明，无论执行主体是否具有良好的资源条件，政策议题是否具有明确的制度激励、是否获得较强的中央支持与广泛的专家参与，只要政策议题在地方政府具有较为健全的制度基础，且受到较强的外部压力，那么分配性政策便可以高效执行。这意味着制度基础与外部压力的匹配联动对促进分配性政策高效执行具有重要作用。由于该组态下仅有组织与社会条件发挥作用，因此，本书将这一组态称为"环境型"。代表案例为福建、辽宁和浙江。

（三）资源主导型

组态 2 表明，无论执行主体是否具有丰富的关系资本，政策议题是否具有明确的制度激励、是否受到较强的中央支持与广泛的专家参与，只要政策议题具有健全的制度基础，且受到较强的外部压力，那么那些具有较为充裕财政资金的地方政府便可以推动分配性政策高效执行。其中，财政资金发挥更为核心的作用，制度基础与外部压力则发挥辅助作用。这意味着三者的联动机制需要财政资金发挥更为重要的引领作用。虽然该组态下资源、组织、社会 3 类条件均对分配性政策高效执行发挥一定作用，但资源条件的作用更为显著，因此，本书将这一组态称为"资源主导型"。代表案例为河南、山东、江西。

除组态 2 外，组态 4 也表现出明显的"资源主导"特征。组态 4 中共存在 3 条路径，3 条路径显示，无论执行主体是否具有丰富的财政资金、政策议题是否获得较强的中央支持与广泛的专家参与，只要执行主体具有较为丰富的关系资本，且政策议题具有较为健全的制度基础或明确的制度激励，或受到较强的外部压力，那么分配性政策便可以高效执行。其中，关系资本发挥核心作用，制度基础、制度激励与外部压力均发挥辅助作用。这意味着在关系资本的核心引领下，制度基础、制度激励、外部压力分别与关系资本适配联动便可以促进分配性政策执行绩效的提高。由于该组态下资源条件发挥核心作用，组织与社会条件发挥辅助作用，因此，本书将这一组态称为"资源主导型"。代表案例为四川、山西、甘肃、青海等。

从上述四类组态中可以看出，除组态 1 以外，在其他所有联动机制中，有且仅有资源一类条件发挥核心作用，组织与社会条件仅发挥辅助作用。因此，分配性政策高效执行表现出一定的"资源主导"特性，即在良好的资源条件下，执行主体仅需要寻求一定程度的组织及社会条件支持，便可以促进分配性政策执行绩效的提高。

为了更加深入地了解分配性政策执行绩效的影响机制，本书还试图对导致分配性政策低效执行的条件组合进行分析。然而，结果显示，没有组态可以解释导致分配性政策低效执行的原因，其系统性因素尚需进一步研究。

三　互补性与替代性分析：实现分配性政策高效执行的中国经验

通过不同组态构型的对比分析，我们可以识别出不同条件变量间的互补与替代关系。

首先，通过比较组态 2 和组态 3 可以发现，健全的制度基础与较强的外部压力具有互补关系（见图 5.1）。其次，通过比较组态 3 与组态 4 可以发现，当政策议题受到较强的外部压力或具有健全的制度基础时，地方政府具有的关系资本与政策议题的制度基础或外部压力存在替代关系（见图 5.2）。最后，通过比较组态 2 与组态 4 可以发现，当政策议题具有健全的制度基础时，关系资本与财政资金和外部压力的组合具有替代关系；当政策议题受到较强的外部压力时，关系资本与财政资金和制度基础的组合具有替代关系（见图 5.3）。

通过图 5.3 可以看出，关系资本对分配性政策执行高绩效的实现具有更为重要的作用。因为关系资本只有在多重条件组合起来时才能发挥作用。

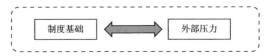

图 5.1 组织与社会条件的互补关系

图 5.2 资源与组织或社会条件的替代关系

图 5.3 资源与"资源+组织"或"资源+社会"的替代关系

可见，"关系"已经渗透进科层制运作的缝隙①，实现了科层制运作的程序性与非正式运作的柔韧性的有机统一。这一发现有着较强的现实意义：对于分配性政策而言，促进官员横向与纵向合理、有效交流成为提高执行绩效的重要手段。周雪光等研究指出，官员流动可以促进党政系统的交融与关联。② 同时，官员流动还导致"钱随官走"现象，即官员交流促进了资金由出生地及流出地向流入地流动，③ 因此可以促进流入地地方财政的增长。

另外，周雪光等研究也指出，对于一些"边缘部门"或专业性较强的

---

① 樊红敏：《县域政治：权力实践与日常秩序——河南省南河市的体验观察与阐释》，中国社会科学出版社，2008，第176页。

② 周雪光、艾云、葛建华、顾慧君、李丁、李兰、卢清莲、赵伟、朱灵：《党政关系：一个人事制度视角与经验证据》，《社会》2020年第2期。

③ 钱先航、曹廷求：《钱随官走：地方官员与地区间的资金流动》，《经济研究》2017年第2期。

部门而言，官员流动性普遍较低。此时，寻找关系资本的替代方案十分必要。[1] 通过图 5.2 可以看出，受制于权力地位及专业性要求，那些短期内难以实现官员流动的地方政府，可以通过积极地健全制度基础或增强外部压力来弥补这一问题。

最后，通过图 5.1 可以看出，制度基础与外部压力具有互相促进的关系。这意味着制度安排与权威监督的结合可以增强制度约束的刚性、规范性与程序性，进而促进分配性政策执行高绩效的实现。这一发现在笔者的实际调研中也得到了验证。笔者于 2019 年 12 月对 H 省农业农村厅官员进行线上访谈。H 省是中国重要的粮食生产基地，耕地面积广大，对中国粮食安全做出重要贡献。在访谈中，这位官员说道：

> 即使下发了农业支持保护补贴细则，农户一般也没有意识主动减少化肥、农药施用量，毕竟大家已经形成种植习惯了。有些农户都不知道这项补贴改革的内容是什么，甚至用这个补贴去购买化肥和农药。而有些基层政府觉得麻烦，本来核实面积等基础性工作就够烦琐了，所以他们也没有那么多精力再挨家挨户去核查符不符合新政策的发放标准。除非上面受到压力了，要求他们把这件事当作重点工作，否则政策再细也可能落实不好。[2]

第四节　本章小结

农业补贴对提高农民种粮积极性、提升粮食产量与农民收入具有重要意义。然而，随着"三农"形势的不断变化，农业补贴已逐渐演变为农民的收入补贴，政策的指向性与精准性越发模糊。同时，受世界贸易组织相关规则的制约与规范，中国农业补贴政策以"黄箱"为主的结构亟须调整，中国农业补贴政策改革迫在眉睫。2016 年 4 月 18 日，财政部与农业部联合

---

① 周雪光、艾云、葛建华、顾慧君、李丁、李兰、卢清莲、赵伟、朱灵：《党政关系：一个人事制度视角与经验证据》，《社会》2020 年第 2 期。
② 访谈资料：20191207。

发布《通知》，将"农作物良种补贴、种粮农民直接补贴和农资综合补贴合并为农业支持保护补贴"，同时要求全国各地方政府通过减少化肥农药用量、施用有机肥等措施保护农业生态资源、提升耕地地力，并将补贴资金向种粮大户倾斜，以此影响农民种植行为。根据国家统计局公布的《关于2016年粮食产量数据的公告》和《中国农村统计年鉴2017》，2016年中国各省（区、市）在粮食播种面积、粮食产量、农用化肥施用量三方面的表现存在显著差异。究竟是执行主体具有的资源要素，还是其所处的环境要素对地方政府实现农业补贴高利用率更为重要？不同条件之间的联动机制为何？

为了回答上述问题，本章以农业"三项补贴"政策为例考察分配性政策的执行绩效，从资源、组织、社会3个一级条件中提取7个二级条件，利用模糊集定性比较分析方法，对影响中国分配性政策执行绩效的组态进行探析。

研究结果表明，地方政府可以通过3条路径推动分配性政策高效执行，分别为社会型、资源主导型、环境型。"社会型"表明，无论资源与组织条件的优劣，只要专家广泛参与到分配性政策执行中去，地方政府便可以推动政策高效执行。"资源主导型"意味着良好的资源条件对于促进分配性政策高效执行发挥核心作用，组织与社会条件则发挥辅助作用。"环境型"表明，无论地方政府是否具有良好的资源条件，组织条件与社会条件的匹配联动便可以帮助其推动分配性政策高效执行。通过对比整合可以看出，地方政府推动分配性政策高效执行的联动机制表现出较为明显的"资源主导"特性，即在良好的资源条件下，执行主体仅需要寻求一定程度的组织及社会条件支持，便可以促进分配性政策执行绩效的提高。此外，研究还对导致分配性政策低效执行的组态进行分析，结果显示，没有组态可以解释这一现象。这表明，导致分配性政策低效执行的系统性因素尚需进一步研究。

通过比较分析不同组态的构型，研究发现，制度基础与外部压力在分配性政策执行中表现出较强的互补关系。同时，关系资本对分配性政策执行绩效有着重要影响。

第六章 再分配性政策高效执行的影响机制：以城市居民最低生活保障政策为例

1993 年，党的十四届三中全会审议通过的《中共中央关于建立社会主义市场经济体制若干问题的决定》正式提出，在全国建立包括社会保险、社会救济、社会福利、优抚安置和社会互助等在内的多层次社会保障体系。[①] 自 20 世纪 90 年代起，随着社会主义市场经济体制的确立与迅速发展，日益凸显的城市贫困问题对社会保障制度提出严峻挑战，中国社会救助制度改革的序幕正式拉开。经过约 30 年的发展与完善，中国在社会救助体系建设方面取得了较大成就，社会救助体制建设不断加强、救助范围逐渐扩大、救助内容逐渐丰富、救助体系日趋完善，特别是 2014 年 2 月 21 日《社会救助暂行办法》的出台，标志着中国社会救助体系制度化与规范化水平的进一步提高。根据《社会救助暂行办法》，中国社会救助制度包括"最低生活保障、特困人员供养、受灾人员救助、医疗救助、教育救助、住房救助、就业救助与临时救助"八项内容。[②] 根据民政部发布的历年《民政事业发展统计公报》，2008～2018 年，社会救助总人数达到 15.91 亿人，其中，城乡低保人数与农村特困人员人数具体情况见表 6.1。可见，作为"最后的安全网"，社会救助制度为市场经济体制改革的顺利开展、社会主义和谐社会的构建及社会公平的促进提供了重要保障。[③]

---

① 参见《中共中央关于建立社会主义市场经济体制若干问题的决定》，http：//fgcx. bjcourt. gov. cn：4601/law？fn＝chl037s018. txt。

② 参见《社会救助暂行办法》，https：//flk. npc. gov. cn/detail2. html？ZmY4MDgwODE2ZjNjYmIzYzAxNmY0MTI0YmFiZjE5YmI。

③ 洪大用：《社会救助的目标与我国现阶段社会救助的评估》，《甘肃社会科学》2007 年第 4 期；韩克庆：《中国社会救助制度的改革与发展》，《教学与研究》2015 年第 2 期。

表 6.1 2008～2018 年中国社会救助情况

单位：万人

年份	城市低保人数	农村低保人数	农村特困人员人数	年份	城市低保人数	农村低保人数	农村特困人员人数
2008	2334.8	4305.5	548.6	2014	1877.0	5207.2	529.1
2009	2345.6	4760.0	553.4	2015	1701.1	4903.6	516.8
2010	2310.5	5214.0	556.3	2016	1480.2	4586.5	496.9
2011	2276.8	5305.7	551.0	2017	1261.0	4045.2	466.9
2012	2143.5	5344.5	545.6	2018	1007.0	3519.1	455.0
2013	2064.2	5388.0	537.2				

资料来源：笔者根据 2008～2018 年《民政事业发展统计公报》整理。

然而，随着改革进入攻坚期和深水区，中国经济发展与社会转型日益面临更为复杂的问题与矛盾。此外，随着制度的不断探索与完善，诸如结构失衡、权责不清、管理分散等制度弊病也日益凸显：不同社会救助项目由民政部、教育部、人社部等不同部门主导，交叉性项目则由多部门共同负责，协调难度较大、运行成本较高，这些难题对当前以生存为导向的中国社会救助制度提出了新要求。[①] 由此，党的十九大报告指出，要按照兜底线、织密网、建机制的要求，全面建成多层次社会保障体系，完善社会救助制度。郑功成指出，在以经济建设为中心的发展思想指导下，社会保障制度更多地扮演了工具性角色，长期处于试验性状态，导致主体性与目的性迷失。而基于以人民为中心的发展思想则要求社会保障制度必须对人民日益增长的福利诉求做出持续性与全面性回应，成为国家发展的重要目标。[②]

作为社会救助体系中的重要环节，城乡居民最低生活保障政策受到了学界的普遍关注。部分研究对中国低保政策的发展过程进行梳理，从规范角度

---

① 谢勇才、丁建定：《从生存型救助到发展型救助：我国社会救助制度的发展困境与完善路径》，《中国软科学》2015 年第 11 期。

② 郑功成：《全面理解党的十九大报告与中国特色社会保障体系建设》，《国家行政学院学报》2017 年第 6 期。

指出政策运行的不足之处，并提出相关建议。[1] 部分研究着重讨论城市低保政策对缩小收入分配差距与缓解贫困的作用。曹艳春对中国 36 个城市 1998~2009 年"低保"标准及保障力度进行评估，认为"低保"标准并未有效缩小贫富差距，甚至对贫困者就业意愿具有负面效应。[2] 与之相反，韩克庆和郭瑜根据实地调研数据分析指出，城市低保制度并未引发"福利依赖"效应，低保户仍具有较强的就业意愿。[3] 低保政策有效缓解了城市贫困问题，但对调节收入的作用微弱。[4] 另有研究则关注对城乡居民最低生活保障政策绩效进行评估。基于省域宏观数据，梁雅莉和张开云构建背景-路径-目标（BWT）模型，运用 TOPSIS 法对最低生活保障制度实施效果进行评价，指出低保政策实施效果存在省域差异。[5] 何晖和邓大松通过构建三级指标体系，运用层次分析法对中国 31 个省级政府 2007~2008 年农村最低生活保障制度运行绩效进行评价，研究结果显示，低保政策的运行绩效存在明显的省际差异，而这种差异并非直接由经济发展水平导致。[6] 此外，还有研究以城市低保政策为切入点考察中国社会政策扩散的相关机制。朱旭峰和赵慧以 1993~1999 年城市低保制度为例，讨论政府间关系对社会政策扩散发挥的推动作用。[7] 赵慧以层级政府为视角，通过对 2000~2010 年城市低保政策细节的事件史分析讨论社会政策的地方差异得以形成的原因。[8]

为了研究需要，本书将城市居民最低生活保障政策执行绩效视作结果变

---

[1] 李迎生、肖一帆：《城市低保制度运行的现实困境与改革的路径选择》，《江海学刊》2007 年第 2 期；刘喜堂：《当前我国城市低保存在的突出问题及政策建议》，《社会保障研究》2009 年第 4 期。

[2] 曹艳春：《1998—2009 年我国 36 个城市"低保"标准变化及保障力度分析》，《现代经济探讨》2009 年第 12 期。

[3] 韩克庆、郭瑜：《"福利依赖"是否存在？——中国城市低保制度的一个实证研究》，《社会学研究》2012 年第 2 期。

[4] 李实、杨穗：《中国城市低保政策对收入分配和贫困的影响作用》，《中国人口科学》2009 年第 5 期。

[5] 梁雅莉、张开云：《我国农村最低生活保障制度实施效果评价——基于 31 个省域的宏观数据研究》，《西部学刊》2014 年第 2 期。

[6] 何晖、邓大松：《中国农村最低生活保障制度运行绩效评价——基于中国 31 个省区的 AHP 法研究》，《江西社会科学》2010 年第 11 期。

[7] 朱旭峰、赵慧：《政府间关系视角下的社会政策扩散——以城市低保制度为例（1993—1999）》，《中国社会科学》2016 年第 8 期。

[8] 赵慧：《中国社会政策创新及扩散：以养老保险政策为例》，《国家行政学院学报》2013 年第 6 期。

量，试图在分析框架下，通过模糊集定性比较分析方法探究影响地方城市居民最低生活保障资金利用程度差异的条件变量与机制。具体而言，本书以城市低保这一具体领域为例，将国务院于1999年出台的《城市居民最低生活保障条例》（国务院令第271号）中提出的符合"家庭成员人均收入低于当地城市居民最低生活保障标准的，均有从当地人民政府获得基本生活物质帮助的权利"与2012年出台的《关于进一步加强和改进最低生活保障工作的意见》（国发〔2012〕45号）中提出的"确保把所有符合条件的困难群众全部纳入最低生活保障范围"视为政策目标，将2007~2017年各地方政府对城市居民最低生活保障资金利用有效性视为政策的执行绩效，考察全国30个省（区、市）① 对2007~2017年城市低保政策的执行情况，探究各地方城市居民最低生活保障资金利用有效性存在显著差异的原因，进而对影响再分配性政策执行绩效的核心条件与联动机制进行分析。

第一节 作为再分配性政策的城市居民 最低生活保障政策

一 城市居民最低生活保障政策的背景与内容

自20世纪90年代以来，随着社会主义市场经济制度的确立，中国经济与社会发生深刻转型，中国城镇大规模突发性的"下岗"与"失业"导致了严重的城市贫困问题，成为影响中国实现经济转轨与社会稳定发展的重要障碍。根据《中国劳动统计年鉴》数据，中国1990年城镇登记失业人数为383.2万人，失业率为2.5%；1999年城镇登记失业人数为575万人，失业率为3.1%。此外，根据唐钧的研究可知，截至2000年，中国城市贫困人口规模达到中国城镇人口总数的4%~8%，为1500万~3100万人。② 在上述背景下，资源分散、水平低下、公平缺失的传统社会救济方式日益疲于应对城市贫困人口不断增长的救助需求，基于家庭收入调查的救助模式为中国社会救助体系改革

---

① 由于材料不可获得，样本库中不包括西藏自治区及港澳台地区。
② 唐钧：《中国的城市贫困问题与社会救助制度》，《江海学刊》2001年第2期。

提供了重要方案。①

　　为切实解决城市贫困问题，1993 年，上海市率先出台《关于本市城镇居民最低生活保障线的通知》（沪民救〔93〕第 17 号），正式拉开中国社会救助改革的序幕。1997 年，国务院发布《关于在全国建立城市居民最低生活保障制度的通知》（国发〔1997〕29 号），决定在全国范围内建立城市居民最低生活保障制度，并将此项工作纳入国民经济和社会发展"九五"计划当中。根据 1997 年这项通知的相关规定，城市居民最低生活保障对象为"家庭人均收入低于当地最低生活保障标准的持有非农业户口的城市居民"，具体包括"无生活来源、无劳动能力、无法定赡养人或抚养人的居民""领取失业救济金期间或失业救济期满仍未能重新就业，家庭人均收入低于最低生活保障标准的居民""在职人员和下岗人员在领取工资或最低工资、基本生活费后以及退休人员领取退休金后，其家庭人均收入仍低于最低生活保障标准的居民"三类。② 1999 年 9 月 28 日，国务院正式颁发《城市居民最低生活保障条例》（国务院令第 271 号），要求"凡共同生活的家庭成员人均收入低于当地城市居民最低生活保障标准的，均有从当地人民政府获得基本生活物质帮助的权利"③。这也标志着中国城市居民最低生活保障政策正式进入制度化阶段。此外，针对部分地区对低保工作重视程度不足、责任落实不到位、监管不规范、机制不健全等问题，2012 年 9 月国务院颁布《关于进一步加强和改进最低生活保障工作的意见》，要求政府加大投入，将保障困难群众基本生活放到政府工作中更为突出的位置，确保所有符合条件的困难群众全部纳入低保范围，做到应保尽保。④ 经过 20 年的发展与完善，中国城市居民最低生活保障政策取得了显著成果。根据民政部发布的历年《民政事业发展统计公报》，自城市居民最低生活保障制度建立以来，覆盖救助人数规模不断扩大，从 2000 年的402.6 万人增加到 2018 年的 1007.0 万人，增长了 1.5 倍；低保标准从 2003 年

---

①　刘喜堂：《建国 60 年来我国社会救助发展历程与制度变迁》，《华中师范大学学报》（人文社会科学版）2010 年第 4 期。

②　参见《国务院关于在全国建立城市居民最低生活保障制度的通知》，http：//www.gov.cn/zhengce/content/2016-10/19/content_5121479.htm。

③　参见《城市居民最低生活保障条例》，https：//www.gov.cn/ztzl/2005-12/31/content_143918.htm。

④　参见《国务院关于进一步加强和改进最低生活保障工作的意见》（国发〔2012〕45 号），http：//www.gov.cn/zwgk/2012-09/26/content_2233209.htm。

的 149 元/月增长到 2017 年的 540.6 元/月。

在中央政府统一的政策安排下，地方政府结合自身实际情况确定了不同的最低生活保障标准，覆盖城市贫困家庭户数与人数也不尽相同。根据《中国社会统计年鉴 2018》，2017 年中国城市居民最低生活保障平均标准为 540.6 元/月，比 2016 年增长了 9.3%。其中，广东、云南、四川的城市居民最低生活保障平均标准分别为 674.8 元/月、516 元/月和 485.1 元/月，比 2016 年分别增长了 17.1%、16.7%和 15.6%，成为中国城市居民最低生活保障平均标准年度增长率最高的三个地区。此外，上海、北京、天津则成为 2017 年中国城市居民最低生活保障平均标准最高的三个地区，分别为 970 元/月、900 元/月和 860 元/月。此外，根据《中国民政统计年鉴 2018》，与 2016 年相比，2017年湖南、陕西、宁夏三地城市居民最低生活保障覆盖人数分别降低 31%、27%、26%，成为中国城市居民最低生活保障人数下降率最高的三个地区；而浙江、重庆、北京则成为下降率最低的三个地区，其中，浙江成为 2017 年中国唯一一个城市低保覆盖人数实现增长的地区。另外，四川、黑龙江和江西则成为 2017 年中国城市居民最低生活保障覆盖人数最高的三个地区，分别为118.4 万人、95.4 万人和 83.3 万人，而海南、福建与北京则排名垫底。

自 20 世纪 90 年代以来，为缓解经济转轨与社会转型带来的阵痛，维护城市生活困难群众基本权益，中央陆续出台了多项与城市居民最低生活保障相关的政策，明确了城市低保政策的目标与主要内容。然而，通过考察 2007~2017 年[1]中国城市居民最低生活保障资金利用情况可以看出，不同时期各地城市低保政策执行情况截然不同，且已有研究表明，这种差异并非与地方经济发展的程度差异直接相关。[2] 那么，究竟为何各地城市居民最低生活保障政策效能存在显著差异？为探究这一原因，本书将 2007~2017 年各地方政府对城市居民最低生活保障总支出利用的相对有效性视为城市居民最低生活保障政策的执行绩效，考察全国 30 个地方政府对城市居民最低生活保障政策的执行情况，并对影响再分配性政策执行绩效的核心条件与联动机制进行分析。

---

[1] 考虑到数据可获取性及口径一致问题，本章选择 2007~2017 年作为时间范围。

[2] 何晖、邓大松：《中国农村最低生活保障制度运行绩效评价——基于中国 31 个省区的 AHP 法研究》，《江西社会科学》2010 年第 11 期。

二　关于案例选择的说明

关于城市居民最低生活保障政策这一案例的选择是基于以下原因。

首先，根据洛伊的政策类型理论，再分配性政策是强制发生可能性较高且作用于行为环境的一类政策。这类政策是将收入等其他有价值的财富在不同阶层、团体之间进行重新分配，主要由政府调控发挥作用，是保持社会稳定、维护社会公平的重要机制。由于政策受益者与受损者双方界限清晰，并在较长时间内存在显著的利益冲突，因此再分配性政策经常引起意识形态或阶级冲突。[①] 作为保障城市贫困居民基本生活、维护社会公平正义的重要政策之一，城市居民最低生活保障政策旨在通过国家政治权力对国民收入进行再次分配，进而促进经济社会的稳定发展。由此，城市居民最低生活保障政策是典型的再分配性政策，案例选择具有一定程度的代表性。

其次，既有研究对中国城市居民最低生活保障政策展开了丰富的讨论，多样化的研究为本书提供了重要的基础与生动的案例。魏姝对再分配性政策的执行模式进行讨论，因地方政府、政策目标群体与生产商等主体之间存在利益博弈，再分配性政策执行不到位问题普遍存在。[②] 由于弱势群体的诉求会遭遇"有产者"优势联盟的挤压，再分配性政策的变通执行时有发生。[③] 另有研究对导致再分配性政策执行偏差的原因进行分析。部分学者通过深度案例分析对导致中国城市低保政策执行变通中的基层官员行为进行讨论，并对基层官员的行动逻辑进行剖析。印子从政策体系与执行互动的视角对低保政策执行偏差形成的原因进行解释，指出当前研究从贫困信息瞄准偏差、一线行政不重视、政策泛福利化三方面剖析了低保政策执行偏差的逻辑。然而，低保政策执行"走样"并非单因素视角能够进行有效解释的，而是多变量相互叠加、相互作用的结果。[④] 岳经纶和胡项连研究指出，反腐败力度变强直接导

① Theodore J. Lowi, "Four Systems of Policy, Politics and Choice", *Public Administration Review* 32, No. 4 (1972): 298-310.

② 魏姝:《府际关系视角下的政策执行——对 N 市农业补贴政策执行的实证研究》,《南京农业大学学报》(社会科学版) 2012 年第 3 期。

③ 王佃利、唐算阳:《约束性程度、损失嵌入性与社区政策执行模式》,《深圳大学学报》(人文社会科学版) 2019 年第 6 期。

④ 印子:《农村低保政策"走样"及其整体性治理》,《西北农林科技大学学报》(社会科学版) 2019 年第 2 期。

致低保政策执行中的"标提量减"现象，即随着反腐败压力的持续增加，基层民政人员从原来"多纳入免麻烦"转向当前"多退出避问责"的价值取向。[①] 需要指出的是，虽然近年来关于城市居民最低生活保障政策过程的研究日益增多，但目前研究大多集中在对低保政策执行模式的讨论，关于地方政策执行绩效差异何以产生这一问题有待进一步深入。

最后，选择城市居民最低生活保障政策作为案例还具有较强的现实意义。城市居民最低生活保障政策不仅为城市贫困居民提供基本生活保障，更为满足人民对美好生活向往提供基础性制度安排。[②] 同时，作为维护社会公平正义、促进社会和谐发展的重要政策，城市居民最低生活保障政策也是政府公共责任的体现。由此，如何提高城市低保政策的执行绩效，切实有效发挥"最后的安全网"作用，对于践行以人民为中心的发展思想、构建责任政府具有重要意义。

第二节　变量设计与数据来源

一　结果变量的设计与校准

本书以 2007~2017 年全国各地方政府对城市居民最低生活保障资金总支出的利用情况为例考察再分配性政策的执行绩效，将 2007~2017 年各地方政府对城市居民最低生活保障资金总支出利用的相对有效性作为再分配性政策执行绩效的代理变量。具体而言，本书将各地方政府视为决策单元，选择 2007~2017 年全国各地方政府城市居民最低生活保障资金总支出作为一个投入指标，选择 2007~2017 年全国各地方城市居民最低生活保障人数、城市居民最低生活保障户数以及城市居民最低生活保障救助系数作为产出指标，运用 DEA-Malmquist 指数模型对各省（区、市）2007~2017 年城市居民最低生活保障资金利用有效性进行计算。需要说明的是，城市居民最低生活保障救助系

---

① 岳经纶、胡项连：《低保政策执行中的"标提量减"：基于反腐败力度视角的解释》，《中国行政管理》2018 年第 8 期。
② 郑功成：《全面理解党的十九大报告与中国特色社会保障体系建设》，《国家行政学院学报》2017 年第 6 期。

数反映了各地方城市低保政策对城镇困难群众基本生活质量改善的救助程度[1]，相关数据为笔者根据城市居民最低生活保障平均标准/城镇居民人均衣、食、住消费支出计算。关于投入和产出指标数据的描述性统计见表 6.2。其中，各地方政府历年城市居民最低生活保障资金总支出、历年城市居民最低生活保障人数与户数这三个数据来源于 2008～2018 年《中国民政统计年鉴》；历年城市居民最低生活保障平均标准数据来源于 2008～2018 年《中国社会统计年鉴》；历年城镇居民人均衣、食、住消费支出数据来源于 2008～2018 年《中国统计年鉴》。

表 6.2　再分配性政策结果变量的描述性统计

变量	观察值（个）	均值	标准差	最小值	最大值
城市居民最低生活保障人数（万人）	330	66.73	45.31	6.32	189.31
城市居民最低生活保障户数（万户）	330	34.47	23.69	3.07	103.38
城市居民最低生活保障救助系数	330	0.45	0.07	0.30	0.63
城市居民最低生活保障资金总支出（万元）	330	19.75	12.86	1.52	63.57

资料来源：笔者根据 2008～2018 年《中国民政统计年鉴》、《中国社会统计年鉴》和《中国统计年鉴》相关数据整理获得。

全要素生产率（total factor productivity）为决策单元总产出量与全要素投入量的比值。DEA-Malmquist 指数用于衡量各决策单元在前后两个时段全要素生产率的变化情况。若变化指数大于 1，表示从 t 时期到 $t+1$ 时期全要素生产率有所增长；若变化指数等于 1，表示前后两个时段全要素生产率没有变化；若变化指数小于 1，表示从 t 时期到 $t+1$ 时期全要素生产率有所下降。全要素生产率变化指数可分解为技术效率变化指数与技术进步变化指数，技术效率变化指数又可进一步分解为纯技术效率指数与规模效率指数。[2] 根据研究需要，本书仅关注全要素生产率变化指数以衡量各地方政府城市居民最低生活

---

[1] 梁雅莉、张开云：《我国农村最低生活保障制度实施效果评价——基于 31 个省域的宏观数据研究》，《西部学刊》2014 年第 2 期。

[2] Rolf Fare, Shawna Grosskopf, Mary Norris and Yang Z. Zhang, "Productivity Growth, Technical Progress, and Efficiency Change in Industrialized Countries", *American Economic Review* 84, No. 5 (1994)：1040-1044.

保障资金总支出利用效率。表 6.3 为基于 DEA-Malmquist 指数模型对 2007 ~ 2017 年各地方政府城市居民最低生活保障资金总支出利用效率变化指数的分析结果。

表 6.3　2007 ~ 2017 年各地方政府城市居民最低生活保障资金总支出利用效率变化指数

地区	1	2	3	4	5	6	7	8	9	10
北京	1.117	1.111	1.009	1.309	1.034	1.067	1.102	1.054	1.208	1.012
天津	1.116	1.096	0.939	1.061	1.122	0.998	1.320	1.271	1.222	1.457
河北	1.255	1.001	1.118	1.015	1.102	1.166	1.267	0.975	1.250	1.496
山西	1.055	1.091	1.027	1.092	1.203	0.934	1.481	1.066	1.090	1.498
内蒙古	0.992	1.009	1.016	1.034	1.103	1.137	1.222	1.204	1.304	1.353
辽宁	1.112	1.018	1.025	1.163	1.142	1.239	1.342	1.118	1.263	1.303
吉林	1.163	0.917	1.131	0.961	1.252	1.097	1.207	1.102	1.379	1.375
黑龙江	1.080	0.923	1.061	1.040	1.311	1.135	1.231	1.270	1.171	1.413
上海	1.111	1.099	1.042	1.080	0.872	1.428	1.141	1.128	1.098	1.226
江苏	1.044	1.139	1.012	1.059	1.159	1.131	1.279	1.172	1.093	1.315
浙江	1.172	1.032	0.969	1.171	0.992	1.029	1.197	1.142	1.011	1.385
安徽	1.073	1.080	1.052	1.035	1.111	1.057	1.428	1.127	1.184	1.337
福建	1.019	1.127	1.037	1.054	1.082	1.082	1.268	1.035	1.122	1.442
江西	1.068	1.065	1.159	1.127	1.167	0.956	1.224	1.105	1.103	1.592
山东	1.118	1.065	1.057	1.013	1.136	1.315	1.224	1.061	1.240	1.299
河南	0.994	1.130	1.068	0.991	1.189	0.954	1.339	1.022	1.267	1.444
湖北	0.955	1.105	1.170	1.113	1.190	0.983	1.301	1.094	1.216	1.426
湖南	1.278	1.116	1.008	1.034	1.083	1.115	1.269	1.071	1.236	1.402
广东	1.037	1.286	1.092	1.267	1.333	1.168	1.240	1.004	1.120	1.237
广西	1.022	1.134	1.105	1.096	1.035	1.175	1.312	1.152	1.153	1.322
海南	0.903	0.924	0.840	1.089	0.977	1.054	1.203	1.128	1.336	1.578
重庆	1.099	1.179	1.027	0.960	1.142	1.082	1.304	1.105	1.106	1.434
四川	0.998	1.149	1.116	0.993	1.140	1.002	1.115	1.171	1.282	1.380
贵州	1.092	1.093	1.158	1.033	1.145	1.111	1.393	0.988	1.164	1.349
云南	0.944	1.147	1.204	1.122	1.132	1.062	1.295	1.003	1.082	1.273
陕西	1.301	1.081	1.066	0.952	1.277	1.086	1.226	1.184	1.288	1.477
甘肃	0.960	1.396	0.990	0.958	1.250	0.976	1.311	1.040	1.391	1.218
青海	1.178	0.870	1.427	1.086	1.065	1.022	1.296	1.058	1.093	1.439

地区	1	2	3	4	5	6	7	8	9	10
宁夏	1.388	1.026	1.258	0.993	1.099	1.038	1.306	0.963	1.153	1.076
新疆	1.052	0.963	1.051	1.034	1.204	1.009	1.426	1.024	1.211	1.371

注：1 表示 2007~2008 年、2 表示 2008~2009 年、3 表示 2009~2010 年，以此类推。

资料来源：笔者根据 2008~2018 年《中国民政统计年鉴》、《中国社会统计年鉴》和《中国统计年鉴》相关数据整理获得。

本书采用间接法对再分配性政策的结果变量进行校准，目标集为再分配性政策高效执行的地区集合。本书首先根据全要素生产率变化指数大于 1 的年份数将 2007~2017 年各地方政府城市居民最低生活保障资金总支出利用效率这一结果变量划分为四个隶属级别，并对各样本的目标集隶属度进行初步估计；其次利用分段对数模型对隶属度进行校准。具体而言，本书将全要素生产率变化指数大于 1 的年份数不小于下四分位数的地方样本的假定隶属度划分为完全隶属；将全要素生产率变化指数大于 1 的年份数小于下四分位数且大于等于中位数的地方样本的假定隶属度划分为偏隶属；将全要素生产率变化指数大于 1 的年份数小于中位数且大于等于上四分位数的地方样本的假定隶属度划分为偏不隶属；将全要素生产率变化指数大于 1 的年份数小于上四分位数的地方样本的假定隶属度划分为完全不隶属（见表 6.4）。本书利用间接法对结果变量进行校准后，各样本集合隶属分数见表 6.5。

表 6.4　再分配性政策结果变量隶属度分级及取值标准

项目		取值标准
个案数（个）	有效	30
	缺失	0
隶属级别划分标准	上四分位数	8
	中位数	9
	下四分位数	10
假定隶属度取值标准	完全隶属	≥10
	偏隶属	[9, 10)
	偏不隶属	[8, 9)
	完全不隶属	<8

资料来源：笔者根据 2008~2018 年《中国民政统计年鉴》、《中国社会统计年鉴》和《中国统计年鉴》相关数据整理获得。

表6.5 再分配性政策结果变量校准后各样本集合隶属分数

地区	校准后隶属分数	地区	校准后隶属分数
北京	0.98	河南	0.08
天津	0.24	湖北	0.24
河北	0.72	湖南	0.98
山西	0.72	广东	0.98
内蒙古	0.72	广西	0.98
辽宁	0.98	海南	0.04
吉林	0.24	重庆	0.72
黑龙江	0.72	四川	0.24
上海	0.72	贵州	0.72
江苏	0.98	云南	0.72
浙江	0.24	陕西	0.72
安徽	0.98	甘肃	0.04
福建	0.98	青海	0.72
江西	0.72	宁夏	0.24
山东	0.98	新疆	0.72

资料来源：笔者自制。

二 条件变量的设计与校准

基于分析框架，本书从资源、组织、社会3个一级条件中抽取7个二级条件作为条件变量。根据研究需要及变量特性，本书对制度激励这一条件变量采用清晰集的二元校准方式，即指定一个定性锚点，将条件变量的原始测量转化为"完全隶属"（1）或"完全不隶属"（0）；对财政资金、关系资本、中央支持、制度基础、专家参与、外部压力6个条件变量则采用模糊集校准方式。对再分配性政策执行绩效条件变量校准的外部标准与隶属度取值标准见表6.6。

表 6.6　再分配性政策执行绩效条件变量校准的外部标准与隶属度取值标准

维度	变量	目标集	外部标准	隶属度取值标准			
				完全隶属	偏隶属	偏不隶属	完全不隶属
资源条件	财政资金	具有充裕财政资金的地区集合	2007~2017 年地方财政社会保障和就业支出增长率在所有财政支出科目中的排名	1	0.67	0.33	0
	关系资本	职能部门"一把手"具有丰富关系资本的地区集合	2007~2017 年职能部门"一把手"曾任职部门平均数量	1	0.67	0.33	0
组织条件	中央支持	具有较强中央支持的地区集合	2007~2016 年* 获得中央城市低保专项拨款数额	1	0.67	0.33	0
	制度基础	具有健全制度基础的地区集合	出台地方城市低保实施办法的时间	1	0.67	0.33	0
	制度激励	具有明确制度激励的地区集合	地方城市低保工作纳入政府目标绩效指标考核体系时间	1	—	—	0
社会条件	专家参与	具有充分专家参与支持的地区集合	高等院校社会学 R&D 课题数量	1	0.67	0.33	0
	外部压力	具有较强外部压力的地区集合	中纪委网站曝光骗取、挪用、虚报、冒领、截留低保补助的问题数量	1	0.67	0.33	0

注：* 2017 年数据缺失。

资料来源：笔者自制。

（一）资源条件

（1）财政资金

不同地方政府对社会保障工作的财政投入多少可以直接反映执行主体资源条件的优劣程度。因此，为衡量各地城市居民最低生活保障工作主管部门财政资金的充裕程度，本书首先分别计算包括地方财政教育事业费支出、地方财政社会保障和就业支出、地方财政科学事业费支出、地方财政

医疗卫生支出等在内的 13 门科目地方财政支出在 2007～2017 年的增长率[1]
情况，进而对各地方财政社会保障和就业支出增长率在 13 门科目中的排名
情况进行统计，结果见表 6.7。关于各地方财政支出的相关数据为笔者根据
2008～2018 年《中国财政年鉴》整理获得。

表 6.7　2007～2017 年各地方财政社会保障和就业支出
增长率在所有财政支出科目中的排名

地区	排名	地区	排名
北京	5	河南	7
天津	4	湖北	6
河北	8	湖南	8
山西	5	广东	7
内蒙古	4	广西	4
辽宁	6	海南	9
吉林	8	重庆	7
黑龙江	6	四川	5
上海	8	贵州	4
江苏	5	云南	7
浙江	1	陕西	7
安徽	8	甘肃	7
福建	9	青海	9
江西	8	宁夏	5
山东	5	新疆	5

资料来源：笔者根据 2008～2018 年《中国财政年鉴》计算。

本书将采用间接法对再分配性政策中财政资金这一条件变量进行校准，
目标集为具有充裕财政资金的地区集合。本书首先根据上四分位数、中位
数以及下四分位数将各地方具有与社会保障和就业支出相关的财政资金多
寡这一条件变量划分为四个隶属级别，并对各样本的目标集隶属度进行初
步估计；其次利用分段对数模型对隶属度进行校准。具体而言，本书将执

---

[1]　例如，（2017 年地方财政社会保障和就业支出 - 2007 年地方财政社会保障和就业支出）/
2007 年地方财政社会保障和就业支出。

行主体具有与社会保障和就业支出相关的财政资金增长率排名不小于下四分位数的地方样本的假定隶属度划分为完全隶属；将执行主体具有与社会保障和就业支出相关的财政资金增长率排名小于下四分位数且大于等于中位数的地方样本的假定隶属度划分为偏隶属；将执行主体具有与社会保障和就业支出相关的财政资金增长率排名小于中位数且大于等于上四分位数的地方样本的假定隶属度划分为偏不隶属；将执行主体具有与社会保障和就业支出相关的财政资金增长率排名小于上四分位数的地方样本的假定隶属度划分为完全不隶属（见表6.8）。本书利用间接法对财政资金这一条件变量进行校准后，各样本集合隶属分数见表6.9。

表6.8　再分配性政策财政资金（条件变量）隶属度分级及取值标准

项目		取值标准
个案数（个）	有效	30
	缺失	0
隶属级别划分标准	上四分位数	5
	中位数	6.5
	下四分位数	8
假定隶属度取值标准	完全隶属	≥8
	偏隶属	[6.5, 8)
	偏不隶属	[5, 6.5)
	完全不隶属	<5

资料来源：笔者根据2008~2018年《中国财政年鉴》整理。

表6.9　再分配性政策财政资金（条件变量）校准后各样本集合隶属分数

地区	校准后隶属分数	地区	校准后隶属分数
北京	0.02	上海	0.98
天津	0.00	江苏	0.02
河北	0.98	浙江	0.00
山西	0.02	安徽	0.98
内蒙古	0.00	福建	1.00
辽宁	0.20	江西	0.98
吉林	0.98	山东	0.02
黑龙江	0.20	河南	0.74

地区	校准后隶属分数	地区	校准后隶属分数
湖北	0.20	贵州	0.00
湖南	0.98	云南	0.74
广东	0.74	陕西	0.74
广西	0.00	甘肃	0.74
海南	1.00	青海	1.00
重庆	0.74	宁夏	0.02
四川	0.02	新疆	0.02

资料来源：笔者自制。

（2）关系资本

为了衡量地方职能部门"一把手"关系资本的多少，本书收集 2007～2017 年曾担任过省级民政厅厅长职务的共 80 位官员的简历，通过分析可以看出，80 位官员履历具有较强的多样性：任期长短各异，官员来源包括中央垂直交流、省外横向交流与省内交流。基于上述情况，本书对 2007～2017年各省级民政厅厅长平均任职部门数量分别进行计算。关于各地方民政厅厅长曾任职部门的相关数据，笔者结合地方民政厅官方网站、既有学术研究以及权威媒体资料公开发布的"一把手"履历信息整理获得。

本书将采用间接法对再分配性政策中关系资本这一条件变量进行校准，目标集为职能部门"一把手"具有丰富关系资本的地区集合。本书首先根据上四分位数、中位数以及下四分位数将各地方民政厅"一把手"曾任职部门数量这一条件变量划分为四个隶属级别，并对各样本的目标集隶属度进行初步估计；其次利用分段对数模型对隶属度进行校准。具体而言，本书将地方民政厅"一把手"曾任职部门数量不小于下四分位数的地方样本的假定隶属度划分为完全隶属；将地方民政厅"一把手"曾任职部门数量小于下四分位数且大于等于中位数的地方样本的假定隶属度划分为偏隶属；将地方民政厅"一把手"曾任职部门数量小于中位数且大于等于上四分位数的地方样本的假定隶属度划分为偏不隶属；将地方民政厅"一把手"曾任职部门数量小于上四分位数的地方样本的假定隶属度划分为完全不隶属（见表6.10）。本书利用间接法对关系资本这一条件变量进行校准后，各样本集合隶属分数见表6.11。

表 6.10　再分配性政策关系资本（条件变量）隶属度分级及取值标准

项目		取值标准
个案数（个）	有效	30
	缺失	0
隶属级别划分标准	上四分位数	6.45
	中位数	7
	下四分位数	8.35
假定隶属度取值标准	完全隶属	≥8.35
	偏隶属	[7，8.35)
	偏不隶属	[6.45，7)
	完全不隶属	<6.45

资料来源：笔者根据自建数据库整理。

表 6.11　再分配性政策关系资本（条件变量）校准后各样本集合隶属分数

地区	校准后隶属分数	地区	校准后隶属分数
北京	0.07	河南	0.04
天津	0.39	湖北	0.92
河北	0.99	湖南	0.13
山西	0.07	广东	0.92
内蒙古	0.53	广西	1.00
辽宁	0.00	海南	0.39
吉林	0.00	重庆	0.62
黑龙江	0.19	四川	0.81
上海	0.98	贵州	0.19
江苏	0.39	云南	0.19
浙江	0.88	陕西	0.71
安徽	0.71	甘肃	0.26
福建	0.00	青海	0.19
江西	0.97	宁夏	0.39
山东	1.00	新疆	0.39

资料来源：笔者自制。

（二）组织条件

（1）中央支持

为推动中央政策意图的落实，中央政府会通过强调、监督、激励等方式影响地方政府的政策执行行为。中央政府对某项政策的关注度越高，越倾向于释放有利于推动该项政策落实的政策信号，该政策在地方政府工作中的重要性可能越高。自1999年起，中央财政开始对地方城市低保政策下达专项拨款，以促进地方低保工作的落实。由于2017年数据缺失，本书选择中央在2007~2016年对各地方城市居民最低生活保障专项拨款数额衡量中央政府对城市居民最低生活保障政策的关注度。关于中央对各地方城市低保专项拨款的描述性统计见表6.12，数据为笔者根据2008~2017年《中国民政统计年鉴》相关数据整理获得。

表6.12 再分配性政策中央支持（条件变量）的描述性统计

单位：个，亿元

项目	个案数	最小值	最大值	平均值	标准差
获得中央城市低保专项拨款	30	2.34	453.27	190.28	131.30
有效个案数	30				

资料来源：笔者根据2008~2017年《中国民政统计年鉴》整理。

本书将采用间接法对再分配性政策中的中央支持这一变量进行校准，目标集为具有较强中央支持的地区集合。本书首先根据上四分位数、中位数以及下四分位数将中央对各地方城市低保工作的重视程度这一条件变量划分为四个隶属级别，并对各样本的目标集隶属度进行初步估计；其次利用分段对数模型对隶属度进行校准。具体而言，本书将中央对各地方城市低保工作的重视程度不小于下四分位数的地方样本的假定隶属度划分为完全隶属；将中央对各地方城市低保工作的重视程度小于下四分位数且大于等于中位数的地方样本的假定隶属度划分为偏隶属；将中央对各地方城市低保工作的重视程度小于中位数且大于等于上四分位数的地方样本的假定隶属度划分为偏不隶属；将中央对各地方城市低保工作的重视程度小于上四分位数的地方样本的假定隶属度划分为完全不隶属（见表6.13）。本书利用间接法对中央支持这一条件变量进行校准后，各样本集合隶属分数见表 6.14。

表 6.13 再分配性政策中央支持（条件变量）隶属度分级及取值标准

项目		取值标准
个案数（个）	有效	30
	缺失	0
隶属级别划分标准	上四分位数	41.58
	中位数	217.85
	下四分位数	274.62
假定隶属度取值标准	完全隶属	≥274.62
	偏隶属	[217.85，274.62)
	偏不隶属	[41.58，217.85)
	完全不隶属	<41.58

资料来源：笔者根据 2008~2017 年《中国民政统计年鉴》整理。

表 6.14 再分配性政策中央支持（条件变量）校准后各样本集合隶属分数

地区	校准后隶属分数	地区	校准后隶属分数
北京	0.00	河南	1.00
天津	0.09	湖北	0.99
河北	0.55	湖南	0.99
山西	0.50	广东	0.07
内蒙古	0.55	广西	0.47
辽宁	0.92	海南	0.10
吉林	0.84	重庆	0.39
黑龙江	0.99	四川	1.00
上海	0.00	贵州	0.65
江苏	0.04	云南	0.81
浙江	0.00	陕西	0.61
安徽	0.74	甘肃	0.73
福建	0.07	青海	0.20
江西	0.69	宁夏	0.16
山东	0.27	新疆	0.58

资料来源：笔者自制。

（2）制度基础

1993 年 6 月，上海市建立城市居民最低生活保障制度，正式拉开中国社会救助制度改革的序幕。1999 年 9 月 28 日，国务院发布《城市居民最低生活保障条例》（国务院令第 271 号），标志着中国城市居民最低生活保障制度进入全面实施阶段。此后，各地方政府陆续出台城市居民最低生活保障制度实施办法。随着 2020 年《广西壮族自治区最低生活保障办法》的出台，全国省级政府城市低保制度的法制化局面初步形成。本书借鉴赵慧对城市低保政策创新属性的测量方法对全国 30 个地方城市低保政策制度基础的健全程度进行衡量。① 测量指标为 1-（该地方首次出台城市低保制度实施办法的年份-1999）/（2017-1999）。关于各地方何时出台城市居民最低生活保障实施办法的相关数据为笔者结合北大法宝、法律之星、权威媒体资料及地方人民政府官网信息整理获得。

本书将采用间接法对再分配性政策中制度基础这一条件变量进行校准，目标集为具有健全制度基础的地区集合。本书首先根据上四分位数、中位数以及下四分位数将制度基础这一条件变量划分为四个隶属级别，并对各样本的目标集隶属度进行初步估计；其次利用分段对数模型对隶属度进行校准。具体而言，本书将地方城市低保制度健全程度不小于下四分位数的地方样本的假定隶属度划分为完全隶属；将地方城市低保制度健全程度小于下四分位数且大于等于中位数的地方样本的假定隶属度划分为偏隶属；将地方城市低保制度健全程度小于中位数且大于等于上四分位数的地方样本的假定隶属度划分为偏不隶属；将地方城市低保制度健全程度小于上四分位数的地方样本的假定隶属度划分为完全不隶属（见表 6.15）。本书利用间接法对制度基础这一条件变量进行校准后，各样本集合隶属分数见表 6.16。

表 6.15　再分配性政策制度基础（条件变量）隶属度分级及取值标准

项目		取值标准
个案数（个）	有效	30
	缺失	0

---

① 赵慧：《社会政策的地方差异何以形成？一个多层级政策体系的解释》，《广东社会科学》2019 年第 6 期。

项目		取值标准
隶属级别划分标准	上四分位数	0.78
	中位数	0.83
	下四分位数	0.89
假定隶属度取值标准	完全隶属	≥0.89
	偏隶属	[0.83, 0.89)
	偏不隶属	[0.78, 0.83)
	完全不隶属	<0.78

资料来源：笔者根据自建数据库整理。

表 6.16　再分配性政策制度基础（条件变量）校准后各样本集合隶属分数

地区	校准后隶属分数	地区	校准后隶属分数
北京	1.00	河南	0.71
天津	0.99	湖北	0.71
河北	1.00	湖南	0.22
山西	0.04	广东	1.00
内蒙古	0.99	广西	0.01
辽宁	1.00	海南	0.22
吉林	0.04	重庆	0.71
黑龙江	0.22	四川	0.99
上海	1.00	贵州	0.22
江苏	0.71	云南	0.71
浙江	0.99	陕西	0.71
安徽	0.71	甘肃	0.71
福建	0.99	青海	0.99
江西	0.71	宁夏	0.22
山东	0.99	新疆	0.22

资料来源：笔者自制。

（3）制度激励

2012 年 9 月 26 日，国务院出台的《关于进一步加强和改进最低生活保障工作的意见》明确指出，各地方政府应"将最低生活保障政策落实情况纳入地方各级人民政府绩效考核",并将结果作为"政府领导班子和相关领导干部综合考核评价的重要内容,作为干部选拔任用、管理监督的重要依据"。① 2014 年 1 月 29 日,民政部与财政部联合出台《最低生活保障工作绩效评价办法》,正式建立政府低保监督考核机制。根据该办法规定,民政部与财政部将对考核结果进行通报,并通过"以奖代补"的方式督促地方落实低保工作。② 因此,本书采用清晰集的二元校准方式对制度激励这一条件变量进行校准,目标集为具有明确制度激励的地区集合。若地方政府于2014 年 1 月出台《最低生活保障工作绩效评价办法》前将低保政策落实情况纳入政府目标绩效考核指标体系,则样本的目标集隶属度为 1;若 2014年 1 月前未纳入政府目标绩效考核指标体系,则样本的目标集隶属度为 0。关于各地方何时将低保政策落实情况纳入政府目标绩效考核指标体系,笔者参考《民政部 2013 年政府信息公开工作年度报告》③ 与民政部社会救助司公开访谈资料④,结合北大法宝和权威媒体资料相关信息,最大程度保证样本信息来源不少于三种,以进行三角互证,保证样本信息的效度与信度⑤。

(三) 社会条件

(1) 专家参与

对于城市低保政策而言,相关领域专家与学者参加的会议不仅能够在一定程度上提升地方政策制定的合法性、可行性与必要性,也能够在一定程度上为解决政策执行过程中的问题发挥推动作用。在一定程度上,地方高校承接越多有关社会学领域的课题研究,对涉及社会救助、低保政策的专家参与越为充分,越有利于促进中央政策意图的落实。因此,本书通过

---

① 参见《国务院关于进一步加强和改进最低生活保障工作的意见》(国发〔2012〕45 号),http://www.gov.cn/zwgk/2012-09/26/content_2233209.htm。

② 参见《两部门联合出台最低生活保障工作绩效评价办法》,http://www.gov.cn/xinwen/2014-02/13/content_2613939.htm。

③ 《民政部 2013 年政府信息公开工作年度报告》,https://www.gov.cn/xinwen/2014-03/25/content_2645395.htm。

④ 参见《多数地区制定了加强基层社会救助经办能力建设的措施和办法》,http://www.gov.cn/zxft/ft241/content_2571790.htm。

⑤ Robert K. Yin, *Case Study Research: Design and Method* (California: Sage Publications, 1994), pp. 92-113.

统计 2007~2017 年各地方人均高等院校社会学 R&D 课题数量衡量各地方对城市低保政策专家参与的充分性。关于各地方人均高等院校社会学 R&D 课题数量的相关数据为笔者根据 2008~2018 年《中国科技统计年鉴》及《中国人口和就业统计年鉴》整理获得。

本书采用间接法对再分配性政策中专家参与这一条件变量进行校准，目标集为具有充分专家参与支持的地区集合。本书首先根据上四分位数、中位数以及下四分位数将各地方人均高等院校社会学 R&D 课题数量这一条件变量划分为四个隶属级别，并对各样本的目标集隶属度进行初步估计；其次利用分段对数模型对隶属度进行校准。具体而言，本书将各地方人均高等院校社会学 R&D 课题数量不小于下四分位数的地方样本的假定隶属度划分为完全隶属；将各地方人均高等院校社会学 R&D 课题数量小于下四分位数且大于等于中位数的地方样本的假定隶属度划分为偏隶属；将各地方人均高等院校社会学 R&D 课题数量小于中位数且大于等于上四分位数的地方样本的假定隶属度划分为偏不隶属；将各地方人均高等院校社会学 R&D 课题数量小于上四分位数的地方样本的假定隶属度划分为完全不隶属（见表 6.17）。本书利用间接法对专家参与这一条件变量进行校准后，各样本集合隶属分数见表 6.18。

表 6.17　再分配性政策专家参与（条件变量）隶属度分级及取值标准

项目		取值标准
个案数（个）	有效	30
	缺失	0
隶属级别划分标准	上四分位数	2.752
	中位数	4.204
	下四分位数	6.148
假定隶属度取值标准	完全隶属	≥6.148
	偏隶属	[4.204, 6.148)
	偏不隶属	[2.752, 4.204)
	完全不隶属	<2.752

资料来源：笔者根据 2008~2018 年《中国科技统计年鉴》及《中国人口和就业统计年鉴》整理。

表 6.18　再分配性政策专家参与（条件变量）校准后各样本集合隶属分数

地区	校准后隶属分数	地区	校准后隶属分数
北京	1.00	河南	0.15
天津	1.00	湖北	0.80
河北	0.18	湖南	0.70
山西	0.04	广东	0.66
内蒙古	0.02	广西	0.29
辽宁	0.77	海南	0.27
吉林	0.83	重庆	0.87
黑龙江	0.03	四川	0.56
上海	1.00	贵州	0.10
江苏	0.82	云南	0.13
浙江	1.00	陕西	0.88
安徽	0.33	甘肃	0.20
福建	0.89	青海	0.00
江西	0.55	宁夏	0.59
山东	0.27	新疆	0.09

资料来源：笔者自制。

（2）外部压力

2015～2017 年中纪委网站共曝光 2717 件侵害群众利益的不正之风和腐败问题，包括侵占及挪用集体资金，骗取低保金、国家补贴款、扶贫资金等。对滥用低保资金情况的监督曝光可以视作地方政府切实落实低保政策外部压力的主要来源之一。因此，本书统计 2015～2017 年[①]各省（区、市）曝光的与违规办理、冒领、贪污、截留低保资金及对低保对象审核把关不严等问题的数量。关于外部压力的相关数据为笔者根据中纪委网站曝光的 2015～2017 年各地方侵害群众利益的不正之风和腐败问题整理获得。

本书采用间接法对再分配性政策中外部压力这一条件变量进行校准，目标集为具有较强外部压力的地区集合。本书首先根据上四分位数、中位数以及下四分位数将各地方政府感受到的低保政策落实外部压力这一条件变量划分为四个隶属级别，并对各样本的目标集隶属度进行初步估计；其次利用分段对数模型对隶属度进行校准。具体而言，本书将各地方政府感受到的低保政策落实外部压力不小于下四分位数的地方样本的假定隶属度划分为完全隶属；将各地方政府感受到的低保政策落实外部压力小于下四分位数且大于等于中位数

---

① 由于数据缺失问题，本书仅统计 2015～2017 年相关数据。

的地方样本的假定隶属度划分为偏隶属；将各地方政府感受到的低保政策落实外部压力小于中位数且大于等于上四分位数的地方样本的假定隶属度划分为偏不隶属；将各地方政府感受到的低保政策落实外部压力小于上四分位数的地方样本的假定隶属度划分为完全不隶属（见表 6.19）。本书利用间接法对外部压力这一条件变量进行校准后，各样本集合隶属分数见表 6.20。

表 6.19　再分配性政策外部压力（条件变量）隶属度分级及取值标准

项目		取值标准
个案数（个）	有效	30
	缺失	0
隶属级别划分标准	上四分位数	2
	中位数	4.5
	下四分位数	9
假定隶属度取值标准	完全隶属	≥9
	偏隶属	[4.5, 9)
	偏不隶属	[2, 4.5)
	完全不隶属	<2

资料来源：笔者根据中纪委网站曝光的 2015~2017 年各地方侵害群众利益的不正之风和腐败问题情况整理。

表 6.20　再分配性政策外部压力（条件变量）校准后各样本集合隶属分数

地区	校准后隶属分数	地区	校准后隶属分数
北京	0.00	河南	1.00
天津	0.00	湖北	0.74
河北	0.43	湖南	0.43
山西	0.04	广东	0.04
内蒙古	0.96	广西	1.00
辽宁	0.04	海南	0.22
吉林	0.22	重庆	0.22
黑龙江	0.99	四川	0.99
上海	0.00	贵州	0.96
江苏	0.00	云南	0.60
浙江	0.00	陕西	1.00
安徽	0.84	甘肃	1.00
福建	0.60	青海	0.84
江西	0.60	宁夏	0.04
山东	0.96	新疆	0.22

资料来源：笔者自制。

至此，本书完成了关于再分配性政策执行绩效的 7 个条件变量及 1 个结果变量的校准工作，校准后各样本集合隶属分数见表 6.21。

表 6.21　再分配性政策相关变量校准后各样本集合隶属分数

地区	财政资金	关系资本	中央支持	制度基础	制度激励	专家参与	外部压力	城市低保
北京	0.02	0.07	0.00	1.00	1	1.00	0.00	0.98
天津	0.00	0.39	0.09	0.99	1	1.00	0.00	0.24
河北	0.98	0.99	0.55	1.00	0	0.18	0.43	0.72
山西	0.02	0.07	0.50	0.04	1	0.04	0.04	0.72
内蒙古	0.00	0.53	0.55	0.99	1	0.02	0.96	0.72
辽宁	0.20	0.00	0.92	1.00	1	0.77	0.04	0.98
吉林	0.98	0.00	0.84	0.04	1	0.83	0.22	0.24
黑龙江	0.20	0.19	0.99	0.22	1	0.03	0.99	0.72
上海	0.98	0.98	0.00	1.00	0	1.00	0.00	0.72
江苏	0.02	0.39	0.04	0.71	1	0.82	0.00	0.98
浙江	0.00	0.88	0.00	0.99	1	1.00	0.00	0.24
安徽	0.98	0.71	0.74	0.71	0	0.33	0.84	0.98
福建	1.00	0.00	0.07	0.99	1	0.89	0.60	0.98
江西	0.98	0.97	0.69	0.71	1	0.55	0.60	0.72
山东	0.02	1.00	0.27	0.99	1	0.27	0.96	0.98
河南	0.74	0.04	1.00	0.71	1	0.15	1.00	0.08
湖北	0.20	0.92	0.99	0.71	0	0.80	0.74	0.24
湖南	0.98	0.13	0.99	0.22	1	0.70	0.43	0.98
广东	0.74	0.92	0.07	1.00	1	0.66	0.04	0.98
广西	0.00	1.00	0.47	0.01	1	0.29	1.00	0.98
海南	1.00	0.39	0.10	0.22	0	0.27	0.22	0.04
重庆	0.74	0.62	0.39	0.71	1	0.87	0.22	0.72
四川	0.02	0.81	1.00	0.99	1	0.56	0.99	0.24
贵州	0.00	0.19	0.65	0.22	1	0.10	0.96	0.72
云南	0.74	0.19	0.81	0.71	1	0.13	0.60	0.72
陕西	0.74	0.71	0.61	0.71	1	0.88	1.00	0.72
甘肃	0.74	0.26	0.73	0.71	1	0.20	1.00	0.04
青海	1.00	0.19	0.20	0.99	1	0.00	0.84	0.72
宁夏	0.02	0.39	0.16	0.22	0	0.59	0.04	0.24
新疆	0.02	0.39	0.58	0.22	1	0.09	0.22	0.72

资料来源：笔者自制。

第三节　研究发现与讨论

一　再分配性政策执行绩效：由多因素共同作用的结果

通过 fsQCA 3.0 软件，本书对再分配性政策单一条件变量的必要性进行分析。由表 6.22 可见，所有条件变量的一致性均小于 0.9，表明这些条件变量均无法独立对城市居民最低生活保障政策的执行绩效产生影响。换言之，城市居民最低生活保障政策执行绩效是由多因素共同作用的结果。由此，本书将对条件变量的组合进行分析，探究影响再分配性政策执行绩效的联动机制。

表 6.22　再分配性政策单一条件变量必要性分析

项目	再分配性政策执行高绩效		再分配性政策执行低绩效	
条件变量	一致性	覆盖度	一致性	覆盖度
财政资金	0.52	0.70	0.78	0.19
~财政资金	0.57	0.68	0.64	0.21
关系资本	0.56	0.75	0.63	0.17
~关系资本	0.60	0.73	0.83	0.24
中央支持	0.57	0.72	0.18	0.16
~中央支持	0.60	0.77	0.81	0.14
制度基础	0.75	0.73	0.60	0.15
~制度基础	0.38	0.71	0.40	0.13
制度激励	0.85	0.67	0.80	0.16
~制度激励	0.15	0.49	0.20	0.09
专家参与	0.56	0.71	0.84	0.23
~专家参与	0.56	0.72	0.75	0.21
外部压力	0.55	0.70	0.73	0.21
~外部压力	0.57	0.72	0.75	0.20

结果变量：城市居民最低生活保障政策执行绩效

资料来源：笔者自制。

二 "多元核心"的适配联动：再分配性政策高效执行的实现路径

将案例频数阈值设置为 1、Raw 一致性阈值设置为 0.9、PRI 一致性阈值设置为 0.7，本书构建的再分配性政策高效执行的部分真值表如表 6.23 所示。本书选择中间解对导致结果的条件组合进行讨论，中间解结果见表 6.24。中间解的总体一致性为 0.96，这表明对于满足 5 条路径的所有案例而言，有 96% 的地方政府具有较高的再分配性政策执行绩效。

表 6.23　再分配性政策高效执行的部分真值表（未显示逻辑余项）

财政资金	关系资本	中央支持	制度基础	制度激励	专家参与	外部压力	城市低保
1	1	0	1	1	1	0	1
0	0	1	0	1	0	0	1
0	0	1	1	1	1	0	1
1	1	1	1	0	0	1	1
1	1	1	1	0	0	0	1
1	1	1	1	1	1	1	1
0	1	0	1	1	0	1	1
1	0	0	1	1	1	1	1
0	0	0	1	1	1	0	0
0	1	0	0	1	0	1	0
0	1	1	1	1	0	1	0
0	0	1	0	1	0	1	0
1	0	0	1	1	0	1	0
0	1	1	1	1	1	1	0
1	1	0	1	0	1	0	0
1	0	1	0	1	1	0	0
0	1	0	1	1	1	0	0
1	0	1	1	1	0	1	0
0	0	0	0	0	1	0	0
0	1	1	1	0	1	1	0
1	0	0	0	0	0	0	0

资料来源：笔者自制。

表 6.24　再分配性政策高效执行的组态——中间解

组态	原始覆盖度	净覆盖度	一致性
~财政资金 * 中央支持 * 制度激励 * ~外部压力	0.147	0.092	1.00
财政资金 * 关系资本 * 中央支持 * 制度基础	0.169	0.169	0.85
财政资金 * 关系资本 * 制度基础 * 制度激励 * 专家参与	0.159	0.044	0.95
财政资金 * 制度基础 * 制度激励 * 专家参与 * 外部压力	0.146	0.039	0.92
~财政资金 * 关系资本 * ~中央支持 * 制度基础 * 制度激励 * 外部压力	0.127	0.066	0.92

总体覆盖度：0.49；总体一致性：0.96

资料来源：笔者自制。

通过比较简单解与中间解，本书得出影响再分配性政策高效执行的组态（见表 6.25）。

表 6.25　再分配性政策高效执行的组态

项目	组织型	资源-组织型	三角平衡型		环境主导型
	组态 1	组态 2	组态 3a	组态 3b	组态 4
资源条件					
财政资金		●	●	●	
关系资本		●	•		•
组织条件					
中央支持	●	●			
制度基础		•	●	●	●
制度激励	•		●	●	•
社会条件					
专家参与			●	●	
外部压力				•	●
一致性	1.00	0.85	0.95	0.92	0.92
原始覆盖度	0.147	0.169	0.159	0.146	0.127
净覆盖度	0.092	0.169	0.044	0.039	0.066
总体一致性	0.96				
总体覆盖度	0.49				

注：●或 • 表示该条件存在，"空白"表示构型中该条件可存在、可不存在；●表示核心条件，• 表示辅助条件。

资料来源：笔者自制。

（一） 组织型

组态 1 表明，无论执行主体具有的资源条件与社会条件的优劣，也无论政策议题是否具有较为健全的制度基础，只要政策议题获得较强的中央支持，且制度激励明确，那么该地方政府便可以推动再分配性政策高效执行。其中，中央支持发挥核心作用，制度激励发挥辅助作用。这意味着中央支持与制度激励的匹配联动需要中央支持发挥更为重要的引领作用。由于该组态下仅有组织条件发挥作用，因此，本书将这一组态称为"组织型"。代表案例为辽宁和新疆。

（二） 资源-组织型

组态 2 表明，无论执行主体是否处于较好的社会条件，也不管与政策议题相关的制度激励是否明确，只要执行主体具有较好的资源条件，政策议题获得较强的中央支持，且具有健全的制度基础，那么再分配性政策便可以高效执行。其中，财政资金、关系资本与中央支持发挥核心作用，制度基础发挥辅助作用。这意味着资源条件与中央支持的匹配联动在推动再分配性政策执行绩效提高方面发挥更为重要的作用。由于该组态下资源与组织条件均发挥了核心作用，因此，本书将这一组态称为"资源-组织型"。代表案例为河北、陕西等。

（三） 三角平衡型

组态 3 表明，无论政策议题是否获得中央支持，只要政策议题在地方政府具有健全的制度基础、明确的制度激励及广泛的专家参与，在关系资本丰富或政策议题受到较强外部压力的情况下，那些具有充裕财政资金的地方政府便可以推动再分配性政策高效执行。其中，财政资金、制度基础、制度激励及专家参与发挥核心作用，关系资本或外部压力发挥辅助作用。这意味着财政资金、制度基础、制度激励与专家参与的适配联动更能有效推动再分配性政策高效执行。这类组态下资源、组织及社会条件均发挥核心作用，三者维持一种稳定的平衡关系，因此，本书将这一组态称为"三角平衡型"。代表案例为广东、重庆、福建等。

（四） 环境主导型

组态 4 表明，无论执行主体是否具有充裕的财政资金，政策议题是否获得较强的中央支持及广泛的专家参与，只要政策议题在地方政府具有健全的制度基础、较强的外部压力及明确的制度激励，那些具有丰富关系资本的地方政府便可以促进再分配性政策高效执行。其中，制度基础与外部压力发挥核心作用，关系资本与制度激励发挥辅助作用。这意味着制度基础与外部压力的适配联动更能有效地促进再分配性政策执行绩效的提高。虽然该组态下资源、组织、社会三类条件均对再分配性政策高效执行发挥作用，但组织条件与社会条件发挥了更为核心的作用，因此，本书将这一组态称为"环境主导型"。代表案例为福建、陕西、山东等。

从上述四类组态中可以看出，除组态1以外，再分配性政策得以高效执行的联动机制表现出较为明显的"多元核心"特性，即再分配性政策高效执行是由多个发挥核心作用的二级条件合理适配与协同的结果。

为了更加深入地了解再分配性政策执行绩效的影响机制，本书还将对导致再分配性政策低效执行的条件组合进行分析。

表6.26为导致再分配性政策低效执行的组态。该组态表明，无论执行主体所处的社会条件如何，也无论政策议题是否获得中央支持、制度基础是否健全、关系资本是否丰富，只要执行主体缺少充裕的财政资金且政策议题在地方政府的制度激励不明确，便会导致再分配性政策低效执行。代表案例为宁夏和湖北。由此可见，资源条件与组织条件的共同缺失必然会导致再分配性政策低效执行。

表 6.26　再分配性政策低效执行的组态

项目	组态 1	项目	组态 1
资源条件		社会条件	
财政资金	⊗	专家参与	
关系资本		外部压力	
组织条件		一致性	0.97
中央支持		原始覆盖度	0.129
制度基础		净覆盖度	0.129
制度激励	⊗	总体一致性	0.97
		总体覆盖度	0.129

注：⊗表示该条件不存在，"空白"表示构型中该条件可存在、可不存在。
资料来源：笔者自制。

三　互补性与替代性分析：实现再分配性政策高效执行的中国经验

通过不同组态构型的对比分析，我们可以识别出不同条件变量间的互补与替代关系。

首先，通过比较组态1和组态2可以发现，当政策议题获得较强中央支持时，制度激励与财政资金、关系资本、制度基础三者的条件组合之间存在替代关系（见图6.1）。

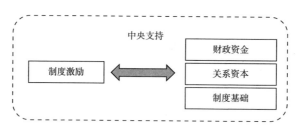

图6.1　组织与"资源+组织"条件的替代关系

其次，通过比较组态1和组态3可以发现，当政策议题存在明确的制度激励时，中央支持与财政资金、制度基础、专家参与、关系资本或外部压力四者的条件组合之间存在替代关系。同时，通过比较组态1和组态4也可以发现，当政策议题存在明确的制度激励时，中央支持与关系资本、制度基础、外部压力三者的条件组合也存在替代关系（见图6.2）。

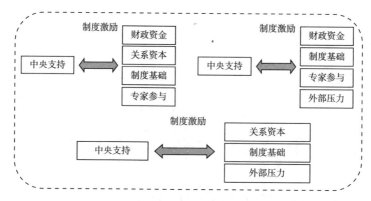

图6.2　组织与复合条件的替代关系

再次，通过比较组态 2 和组态 3a 可以发现，当地方政府具有良好的资源条件，且政策议题具有健全的制度基础时，中央支持与制度激励和专家参与的条件组合存在替代关系（见图 6.3）。

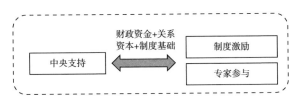

图 6.3 组织与"组织+社会"条件的替代关系

从次，通过比较组态 3 和组态 4 可以发现，对于具有丰富关系资本的地方政府而言，当政策议题具有健全的制度基础和明确的制度激励时，外部压力与财政资金和专家参与的条件组合具有替代关系（见图 6.4）。

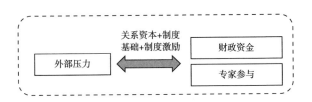

图 6.4 社会与"资源+社会"条件的替代关系

最后，通过比较组态 2 和组态 3 可以发现，健全的制度基础与良好的资源条件存在互补关系。同时，通过比较组态 3 和组态 4 可以发现，健全的制度基础与明确的制度激励表现出互补关系（见图 6.5）。

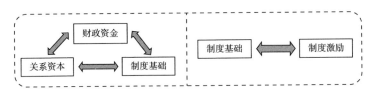

图 6.5 条件变量间的互补关系

通过图 6.2~图 6.4 可以看出，制度激励、中央支持和外部压力 3 个条件变量对再分配性政策的高效执行具有更为重要的作用。因为三者只有在多重条件组合起来时才能发挥作用。其中，中央支持与多重条件组合的替代关系更为显著。这一发现在实地调研中也得到了验证，一名负责社保工作的基层工作者谈道：

> 社会保障工作以前不太受重视，最近这些年变得更加重要了。现在领导讲话都会频繁提到社会保障、精准扶贫、精准救助等等，对我们提要求、有期待就一定会重视我们的工作，市区两级财政支持力度也不断加大，这样我们工作开展就顺手多了，管理也规范多了，还是大环境好。[①]

由此可见，这一发现不仅体现在央地两级政府间，同样适用于不同层级政府间，意味着上级政府支持对下级政府社会救助政策执行绩效的提高具有重要作用。此外，通过图6.5可以看出，资源条件与组织条件具有互补关系，且两个条件内部各要素之间也表现出互补关系。这表明良好的资源条件需要通过有利的组织条件发挥作用，而组织条件则需要依赖良好的资源条件作为基础保障，二者互为补充是确保再分配性政策得以高效执行的重要条件。

第四节　本章小结

城市居民最低生活保障政策为维护城市生活困难群众基本权益、促进中国实现经济转轨与社会转型提供了重要的制度保障。自1997年起，中央陆续出台一系列政策推动城市居民最低生活保障工作的开展。1999年9月28日，国务院颁发的《城市居民最低生活保障条例》正式对城市居民最低生活保障相关工作做出制度化规定。2012年，国务院颁布的《关于进一步加强和改进最低生活保障工作的意见》要求政府进一步加大投入，确保所有符合条件的困难群众全部纳入低保范围，做到应保尽保。根据2008~2018年《中国民政统计年鉴》、《中国社会统计年鉴》和《中国统计年鉴》相关数据，各地方政府在2007~2017年城市低保政策覆盖人数与对生活困难群

---

① 访谈资料：20190719。

众救助系数截然不同。究竟是执行主体具有的资源要素，还是其所处的环境要素对地方政府实现城市低保政策高效执行发挥更为重要的作用？不同条件之间的联动机制为何？

为了回答上述问题，本章以城市居民最低生活保障政策为例考察再分配性政策的执行绩效，从资源、组织、社会3个一级条件中提取7个二级条件，利用模糊集定性比较分析方法，对影响中国再分配性政策执行绩效的组态进行探析。

研究结果表明，地方政府可以通过4种组态推动再分配性政策高效执行，分别为组织型、资源-组织型、三角平衡型、环境主导型。"组织型"表明，无论资源条件与社会条件如何，良好的组织条件对于促进再分配性政策高效执行具有核心作用。"资源-组织型"表明，无论地方政府处在何种社会条件，良好的资源条件与组织条件的匹配协调有助于实现再分配性政策的高效执行。"三角平衡型"意味着资源、组织与社会任一条件对于地方政府实现再分配性政策高效执行都是不可或缺的核心要素。"环境主导型"则意味着在良好组织与社会条件的主导下，资源条件只需发挥辅助作用便可帮助地方政府实现再分配性政策高效执行。通过对比整合可以看出，再分配性政策得以高效执行的联动机制表现出较为明显的"多元核心"特性，即再分配性政策高效执行是多个发挥核心作用的二级条件合理适配与协同的结果。此外，研究还对导致再分配性政策低效执行的组态进行分析，结果显示，资源条件与组织条件的共同缺失必然会导致再分配性政策低效执行。

通过比较分析不同组态的构型，研究发现，资源条件与组织条件在再分配性政策执行中表现出较强的互补关系。同时，制度激励、中央支持和外部压力对再分配性政策执行绩效有着重要影响。

第七章　案例比较与整合性分析

第一节　条件变量关联网络构建

本书通过模糊集定性比较分析方法对四类政策得以高效执行的路径分别进行了初步探索，并对多重条件变量的联动机制及互补、替代关系进行了识别。为了进一步挖掘中国地方政府高效执行公共政策的深层机制与隐性逻辑，对四类政策高效执行的实现路径进行比较与整合研究至关重要。

为此，本节首先根据四类政策得以高效执行的路径集合构建二级条件变量间条件概率矩阵；其次根据条件概率矩阵构建二级条件变量关联网络，进一步利用复杂网络社区检测算法将其整合为关于资源、组织、社会3个一级条件变量的关联网络；最后通过一级条件变量关联网络节点中心性对资源、组织与社会3个条件变量的关联性进行分析。

一　条件概率的计算与二级条件变量关联网络的构建

本书首先根据四类政策执行高绩效中间解的路径集合计算任意变量组之间的条件概率。假设任意变量组为 (i, j) ，以中间解路径集合为全样本空间，根据条件概率公式，计算条件概率 $p(i \mid j) = \dfrac{p(ij)}{p(j)} = p_{ij}$ ，其中 p_{ij} 为 i 变量和 j 变量同时出现的联合概率，$p(i \mid j)$ 为 j 变量出现的情况下 i 变量出现的条件概率，为方便表示为矩阵元素，将其记为 p_{ij}，依次计算全部变量组合间的条件概率并构建条件概率矩阵（见表7.1）。其中 p_{ij} 为条件概率矩阵第 i 行第 j 列元素。

表 7.1　条件概率矩阵

变量	财政资金	关系资本	中央支持	制度基础	制度激励	专家参与	外部压力
财政资金		0.38	0.50	0.60	0.50	0.83	0.44
关系资本	0.38		0.17	0.50	0.38	0.17	0.22
中央支持	0.38	0.13		0.30	0.38	0.33	0.44
制度基础	0.75	0.63	0.50		0.63	0.67	0.67
制度激励	0.50	0.38	0.50	0.50		0.67	0.44
专家参与	0.63	0.13	0.33	0.40	0.50		0.33
外部压力	0.50	0.25	0.67	0.60	0.50	0.50	

资料来源：笔者自制。

其次，基于条件概率矩阵，针对矩阵中任意元素 p_{ij}，本书建立从 j 节点指向 i 节点的有向边，边的权重为以 j 为条件，i 出现的条件概率 p_{ij}，由此得到 7 个二级条件变量关联网络。

二　一级条件变量关联网络的构建

为进一步分析资源、组织、社会 3 个一级条件变量之间的联动机制，本书参考复杂网络社区检测算法的过程[①]，对二级条件变量关联网络进行整合。

第一，将隶属于同一个一级条件变量的节点视为一个整体系统，这些节点之间的边为系统的内部边。对于分属于不同一级条件变量的节点而言，它们之间的边是一个系统与另一个系统之间的边，即系统的外部边。举例而言，财政资金与关系资本这两个二级条件变量同属于"资源"这一一级条件变量，因此财政资金与关系资本之间的边为资源系统的内部边。与之不同，财政资金与中央支持这两个二级条件变量则分属于"资源"与"组织"两个一级条件变量，因此财政资金与中央支持之间的边为资源系统与组织系统的外部边。

第二，根据上述界定，将隶属于同一个一级条件变量的所有二级条件变量整体视为一个新节点，此时内部边则为该节点到自身的自环，外部边

---

① Michelle Girvan and Mark E. J. Newman, "Community Structure in Social and Biological Networks", *Proceedings of the National Academy of Sciences* 99, No. 12 (2002): 7821-7826.

则为节点与节点之间的边，以此构建资源、组织、社会 3 个一级条件变量间的关联网络。

以图 7.1 为示例，系统内节点之间的实直线为内部边，系统与系统之间的虚直线为外部边。若将同属于一个一级条件变量的所有二级条件变量视为一个整体，那么虚线圆则成为网络的新节点，此时，实直线为该节点到自身的自环，虚直线为节点到节点之间的边。

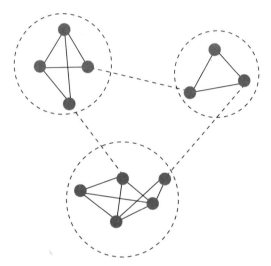

图 7.1　一级条件变量关联网络构建示意

第三，本书选择强度中心性这一最直接的指标衡量关联网络中节点联系的强弱。由于本书构建的一级条件变量关联网络为有向网络，考虑边的方向性，将节点强度分为入强度和出强度。

节点入强度和出强度表达式如下：

$$S(i)_{in} = \sum_{j=1}^{n} p_{ji}$$

$$S(i)_{out} = \sum_{j=1}^{n} p_{ij}$$

$$S(i) = S(i)_{in} + S(i)_{out}$$

其中，$S(i)_{in}$ 为节点 i 的入强度，$S(i)_{out}$ 为节点 i 的出强度，$S(i)$ 为节点 i 的总强度。从整体来看，节点强度中心性越大，表明该节点在网络中处于越为核心的地位，[1] 换言之，若一个节点的强度中心性越大，则该节点变量就越能促进政策执行高绩效的实现。根据上述方法，本书构建中国公共政策得以高效执行的一级条件变量关联网络（见图 7.2）。

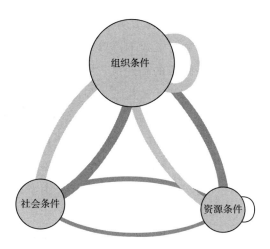

图 7.2　一级条件变量关联网络

第二节　嵌入与融合：政策高效执行的实现机制

党的十九届四中全会指出，"制度的生命力在于执行"。制度的有力执行对于实现国家治理能力现代化具有重要意义。因此，对中国地方政府高效执行公共政策的实现机制进行讨论，一方面有助于我们深刻认识国家实现治理绩效所依赖的制度特色，另一方面也为进一步提高国家治理能力提供基础性分析。

一　环境要素与资源要素的统筹融合

在图 7.2 中，节点的大小表征节点强度中心性数值，节点越大代表其强度中心性越大。边的粗细代表边的权重，即边的权重越大，边越粗。通过图 7.2 可以看出，组织、社会、资源 3 个条件变量之间表现出较强的关联

---

① 　Liton C. Freeman，"Centrality in Social Networks Conceptual Clarification"，*Social Networks* 1，No. 3（1979）：215-239.

性。其中，组织条件居于关联网络的核心位置，强度中心性为 17.26；社会条件在关联网络中的重要性居中，强度中心性为 11.05；资源条件在关联网络中的重要性最低，强度中心性为 10.11。由此可见，环境要素与资源要素的统筹融合是中国地方政府实现公共政策执行高绩效的重要机制，其中，环境要素中的组织条件在这种统筹融合关系中表现出更强的控制力。

这一结论在本书第三至第六章政策得以高效执行的组态分析中均得到了不同程度的体现。构成性政策的高效执行表现出"环境依赖"特性，而组织条件的缺失则必然导致政策低效执行。规制性政策与再分配性政策的高效执行分别表现出"二元交互"和"多元核心"特性，这充分体现了环境要素与资源要素之间的统筹融合对于政策高效执行的重要作用。虽然这两类政策的高效执行未表现出明显的"环境依赖"特性，但组织条件的缺失必然会导致政策低效执行。可见，对于绝大部分类型政策而言，组织条件在统筹融合关系中的控制力更强。

综上所述，一方面，作为一种基础性条件，资源条件确实为政策高效执行提供了基本保障，资源条件的缺乏会使地方政府在面临较强的中央压力或外部压力时陷入"有心无力"的尴尬境地，难以对政策执行进行相应配套。另一方面，良好的资源条件仅仅是一种潜在能力，其能否转化为实际的治理效能在很大程度上依赖良好的组织及社会条件。特别是在多任务环境下，如果缺少必要的组织及社会条件，那些资源禀赋较好的地方政府可能会出现"有力无心"的情况，导致政策目标"流产"。因此，对于资源禀赋不足的地方政府而言，政策执行部门可以尝试从改善环境要素的角度入手，破解政策执行的"资源困境"。

二 政治因素与行政因素的双向嵌入

除一级条件变量间的关系外，我们还可以进一步观察同属于一个一级条件变量下的不同二级条件变量间的关系。通过图 7.2 可以看出，组织条件自环的边的权重最大，表明组织条件内部各二级条件变量间具有紧密的关联性，即中央支持与地方制度安排具有明显的合作关系。由于组织条件在环境要素与资源要素的统筹融合关系中具有更强的控制力，因此，这也意味着中央支持与地方制度安排的协同对提高政策执行力具有更为关键的作用。

如果将这一实证结果放置于更广阔的理论背景下进行讨论，我们似乎可以探索出政策得以高效执行的深层原因：执政党的政治因素与科层制的行政因素在一定程度上实现了双向嵌入，这使得国家在治理实践中可以灵活选择不同的治理手段，以促进优势聚合。

中国科层制的发展一方面有其自身的历史因素；另一方面也不可避免地融入了现代科层制的基因，具有现代科层制"刻板僵化""规避风险"的弊病，在日常治理实践中会出现治理缝隙，形成治理盲区。[①] 同时，由于存在更为冗长的管理链条、更为庞大的组织规模、更为巨大的地区性差异、更为高昂的监管成本，信息在组织中的有效传递更为复杂和困难，组织本应面临更大的失败风险。[②]

但通过实证结果可以发现，正是中央支持与地方制度安排二者的双向嵌入使组织条件实现自我强化，进而为政策执行力的提高提供了核心支撑。这种双向嵌入主要包括组织对接与规范内化两个环节。其中，组织对接主要指执政党组织与科层组织的对接，而这种硬性对接得以实现的重要推动力在于"党员领导干部"之间的软性关联。规范内化则指在治理实践中执政党与行政系统从未各行其是，执政党凭借其严密而高效的组织体系及先进的意识形态实现了对行政体系的全面领导与融入，完成了对行政系统的深度改造，使其承载了执政党的逻辑与理念。[③] 由此，政治因素与行政因素的双向嵌入成为科层制的纠偏机制。当常规政策执行面临梗阻时，以卡里斯玛型权威运作为核心的政治动员便成为打断常规治理过程、克服常规治理惯性，进而提高治理效能的关键手段。

---

① 〔美〕B. 盖伊·彼得斯：《政府未来的治理模式》，吴爱明、夏宏图译，中国人民大学出版社，2001。

② 周雪光：《权威体制与有效治理：当代中国国家治理的制度逻辑》，《开放时代》2011年第10期；渠敬东、周飞舟、应星：《从总体支配到技术治理——基于中国30年改革经验的社会学分析》，《中国社会科学》2009年第6期。

③ 王浦劬、汤彬：《当代中国治理的党政结构与功能机制分析》，《中国社会科学》2019年第9期。

第八章　结论与反思

第一节　研究问题与基本结果

为充分调动地方政府积极性，中央政府在制定政策时通常留有一定的弹性空间，使地方保有一定程度的自主性。因此，即使面临统一的中央政策目标，地方政府公共政策执行情况也会千差万别。在这一背景下，公共政策得以高效执行的机制为何？究竟是执行主体所掌握的资源禀赋这类基础性要素，还是执行主体所处的组织与社会等环境要素更能影响地方政府的政策执行力？如果政策高效执行是由多因素共同作用的结果，那么这些因素之间的联动机制为何？

为了回答上述问题，本书首先以洛伊的政策类型理论为基础性分析框架将公共政策分为分配性政策、构成性政策、规制性政策及再分配性政策，并分别选择农业支持保护补贴政策、机关事务管理体制改革、节能减排政策，以及城市居民最低生活保障政策作为代表案例。

基于政策类型的划分，本书进一步对公共政策得以高效执行的实现机制及各因素之间的联动机制进行分析。本书将政策执行绩效视为一个连续的谱系，根据中央政策文本具体内容对政策预期目标进行确认，以事实标准为判断依据，衡量中国30个省（区、市）① 对上述四类政策的落实程度，以此确认政策执行绩效地方差异的存在，并将此作为研究的结果变量。

关于条件变量的选取，由于政策执行绩效一方面受到执行主体可调动资源多寡的影响，另一方面受到执行主体所处的组织与社会等环境要素制约。因此，本书从执行主体所掌握的资源要素及其所处的环境要素两个角

---

① 由于有些案例中相关数据资料不可获得，样本中不包括西藏自治区及港澳台地区。

度出发，尝试构建一个包括资源条件、组织条件、社会条件在内的整合性分析框架。其中，资源条件包括财政资金与关系资本 2 个二级条件；组织条件包括中央支持、制度基础、制度激励 3 个二级条件；社会条件包括专家参与及外部压力 2 个二级条件。

本书运用模糊集定性比较分析方法分别对四类政策得以高效执行的原因进行分析。研究结果显示，公共政策高效执行是多重条件适配联动的结果。其中，构成性政策的高效执行表现出"环境依赖"的特点，组织条件的缺乏会导致政策低效执行；规制性政策的高效执行表现出"二元交互"的特点，组织条件的缺乏会导致政策低效执行；分配性政策的高效执行具有"资源主导"的特点，导致政策低效执行的系统性因素尚待明确；再分配性政策的高效执行具有"多元核心"的特点，资源与组织条件的共同缺失会导致政策低效执行。各类政策得以高效执行的典型模式如图 8.1 所示。

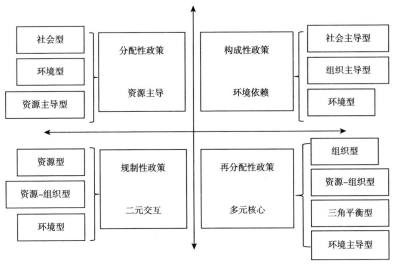

图 8.1　不同类型政策得以高效执行的典型模式

通过图 8.1 可以看出，地方政府推动构成性政策高效执行的机制表现出"环境依赖"特性；分配性政策实现高效执行的机制表现出"资源主导"特性；规制性政策和再分配性政策得以高效执行的原因则是多重条件联动的结果。可见，资源条件与组织、社会条件的统筹融合才是地方政府公共政策执行力得以提高的核心机制。

为了进一步挖掘中国地方政府得以高效执行公共政策的深层机制与隐

性逻辑，本书通过构建条件变量关联网络进一步对四类政策高效执行的实现路径进行比较与整合性分析。

分析结果显示，嵌入与融合是中国地方政府推动公共政策高效执行的重要机制。其中，"融合"表示环境要素与资源要素的统筹融合，而环境要素中的组织条件在这种双向融合关系中表现出更强的控制力（见图8.2）。"嵌入"则指执政党的政治因素与科层制的行政因素二者的双向嵌入，使国家在治理实践中可以根据战略需要在不同治理手段之间灵活转换，以促进优势聚合（见图8.3）。

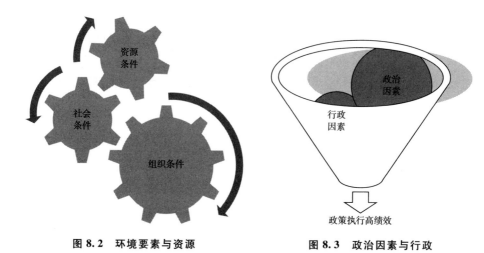

图 8.2　环境要素与资源　　　　图 8.3　政治因素与行政
　　要素的统筹融合　　　　　　　　因素的双向嵌入

第二节　研究意义

本书选择中国公共政策执行绩效为研究对象，突破既有以还原论为基础的研究范式，以整体论为视角对影响中国地方政府公共政策执行力的机制进行研究，有着重要的理论和现实意义。

一　理论意义

首先，为缓解当前对中国公共政策执行绩效的分析表现出的有效理论供给不足问题，本书尝试以整体论为视角，从中观层面对影响中国公共政策执行绩效的机制进行分析。1949 年，罗伯特·K. 默顿首次提出中观理论（middle-range theory）概念。根据默顿的观点，专注的经验研究能为学科提供原始资料，但由于缺少理论导向，因而无法促进知识的累积。而以帕森斯为代表的宏大理论关注者则过度借鉴了哲学而非科学，使得研究产出了众多概念和观点，却少有结论和公理。[①] 默顿强调，中观理论并非微观的操作性假设，也不是用以解释一切行为、组织和变迁的包罗万象的统一性理论。作为介于两者之间的理论，中观理论旨在弥合理论研究与经验研究的鸿沟。[②] 默顿的实践取向和实证型人格有助于提高社会科学对现实问题的解释力，并赋予了社会科学独立的精神。[③] 毕竟中观理论的建构一方面有助于研究尽可能摆脱西方宏大叙事的纠缠，避免草率地将个人判断进行规范化处理；另一方面也是对"只拉车不看路"式的工匠型研究的一种改进。[④] 既有研究侧重于通过统计回归分析不同因素对执行绩效的影响，然而各因素相互发生作用的机制及相对重要性在一定程度上被忽略。因此，在整合性分析框架下，本书通过模糊集定性比较分析方法，试图进一步深入了解影响中国地方政府公共政策执行绩效的复杂机理。

其次，本书尝试为中国公共政策高效执行的实现机制提供本土化的解释，以便深入了解国家治理的逻辑。无论在历史起点、现存制度结构及由此生成的发展逻辑上，中国的发展轨迹及正在经历的历史性转型都代表了一种不同于西方"模板"也不同于其他发展中国家的独特的现代性。[⑤]"中国特色社会主义道路、理论、制度、文化不断发展，拓展了发展中国家走

---

① 事实上，与自然科学研究不同，社会科学领域也很难通过一套宏大理论来解释所有社会现象。

② Robert K. Merton, *Social Theory and Social Structure*（New York：Free Press，1968），p. 39.

③ 吴肃然、陈欣琦：《中层理论：回顾与反思》，《社会学评论》2015 年第 4 期。

④ 杨念群：《中层理论：东西方思想会通下的中国史研究》（增订本），北京师范大学出版集团，2016。

⑤ 孙立平认为，以发达国家为研究对象的现代化理论（theories of modernization）与以拉美、东亚、非洲为研究对象的发展理论（theories of development）代表了两种不同的学术传统和理论流派，但也限制了发展学的视野。作为世界上最大的社会主义国家，中国生动的转型实践为实现理论突破提供了新的可能性。在这一背景下，孙立平强调对中国、苏联、东欧等转型国家进行理论研究的必要性。参见孙立平《社会转型：发展社会学的新议题》，《开放时代》2008 年第 2 期。

向现代化的路径。"① 由此，探索并审视中国独特的现代化方案具有较强的世界意义②，也成为公共管理学术研究的宝库。

然而，当前学界有关公共政策执行的研究多以西方成果为基础，这不利于中国学术自主性的发展，也有碍于中国特色理论的形成。自 20 世纪 80 年代以来，中国公共行政学经历了从移植加工到主动学习，甚至自主建构的路径，越来越多的学者对中国公共行政学本土化的问题进行了思考。③ 王绍光指出，中国政治学应通过"批判的吸收、创造的思考和平等的交流"促进本土化理论发展。这也同样适用于中国行政学研究。④ 中国公共行政学的本土化发展应遵循微观—中观—宏观的逻辑。注重宏观理论与微观研究相结合，避免"大而无当"，也要避免"小而无用"，由此才能变"西方理论的消费者为本土理论的创造者"。⑤ 新中国成立 70 多年的发展呈现独特的公共政策执行模式，这是传统以西方政策过程为研究对象的政策过程理论无法完全解释的。由此，探寻中国实现治理效能提升的逻辑，厘清中国公共政策执行中不同要素的互动模式尤为重要，更有助于促进学术话语与政治话语的有机统一。

二 现实意义

改革开放以来，中国经济与社会的"压缩式发展"（compressed development）一方面使中国成为全球瞩目的焦点，另一方面也使国家面临工业化与后工业化并行带来的严峻挑战。⑥ 诸如环境保护、社区治理、群体

---

① 《习近平：决胜全面建成小康社会　夺取新时代中国特色社会主义伟大胜利——在中国共产党第十九次全国代表大会上的报告》，http：//www.xinhuanet.com/politics/2017 - 10/27/c_1121867529.htm。

② 巩瑞波：《综述与展望：理解"现代化中国方案"的四重维度》，《当代世界与社会主义》2019 年第 2 期。

③ 娄成武、董鹏：《中国公共行政学本土化研究：现状与路径》，《公共管理学报》2017 年第 3 期；蓝志勇：《中国公共行政学本土化研究的再思考——兼评两篇文章》，《公共管理学报》2017 年第 3 期；颜昌武：《行政学的本土化：基于中美路径的比较分析》，《政治学研究》2019 年第 1 期。

④ 王绍光：《中国政治学三十年：从取经到本土化》，《中国社会科学》2010 年第 6 期。

⑤ 刘鹏：《中国公共行政学：反思背景下的本土化路径研究》，《中国人民大学学报》2013 年第 3 期。

⑥ Hugh D. Whittaker, Timothy J. Sturgeon and Toshie Okita, "Compressed Development：An Introduction", *Studies in Comparative International Development* 45, No. 4（2010）：439-467.

性冲突、流动人口等众多错综复杂的公共议题出现，并日益多样化与复杂化，这些都对政府政策能力提出更高的要求。[①] 近年来，随着中国公共政策情景的变迁[②]，时间压力逐渐形塑了"决策删减—执行协商"这一过渡性制度安排：本应在决策环节审慎处理的问题界定、方案选择与利益权衡被无意地配置到政策执行环节中去。由此，与西方相比，中国公共政策执行具有更为复杂且冗长的链条，面临更加难以克服的执行困境。换言之，中国公共政策执行不仅承担了"实施"这一传统任务，更被赋予弥补政策决策中理性限制的关键任务。[③] 在上述背景下，开展对中国公共政策执行的深入研究具有重要且深刻的现实意义："如何有效提高政策执行力"这一命题不仅关乎和谐社会的构建、经济发展的可持续、国家治理体系与治理能力现代化的推进，促进制度优势向国家治理效能转化，更成为提升国家形象与国际竞争力的关键。

此外，以整体论为视角分析中国公共政策高效执行的实现机制，不仅有助于促进理论的自觉性与实践的主动性，更能在最大程度上促进经验的总结，降低"摸着石头过河"的试错成本，进一步提升公共政策执行绩效。

通过本书的研究结论可以看出，除分配性政策外，资源条件在中国地方政府提高政策执行力上基本未发挥决定性作用。公共政策的高效执行是环境要素与资源要素统筹融合的结果，其中，环境要素中的组织条件发挥更为主导的控制性作用。这意味着对于地方政府而言，资金并非实现政策绩效的阻碍，良好的组织条件和有力的社会条件具有克服资金困境的重要作用。在宏观经济增速下降、税费改革政策持续推进的大背景下，这一结论对于"过紧日子"的地方政府是具有现实意义的。各地可以根据自身禀赋，因地制宜地选择政策执行策略，实现差异化发展路径。

---

① 刘鹏、王中一：《政策能力：理论综述及其对中国公共政策研究的启示》，《公共管理与政策评论》2018年第2期。

② 具体而言，中国公共政策情景的变迁表现在政府响应性增强、行政透明度提高与责任性增强、政策问题属性改变，以及公共政策过程参与主体多元化、决策民主性与科学性提升，但决策程序制度化尚待完善。参见薛澜、赵静《转型期公共政策过程的适应性改革及局限》，《中国社会科学》2017年第9期，第46～47页。

③ 薛澜、赵静：《转型期公共政策过程的适应性改革及局限》，《中国社会科学》2017年第9期。

第三节　关于治理逻辑的反思

诚然，环境要素与资源要素的统筹融合、政治因素与行政因素的双向嵌入切实提高了国家治理效能。然而，在周而复始的治理实践中，这种"嵌入与融合"也面临一定程度的结构性问题。一方面，对政治动员的过度依赖可能会抑制科层制发展，导致国家治理出现内卷化趋势；另一方面，对制度化发展的过度强调可能会使政治权威陷入科层制的窠臼，甚至弱化政治的权威性。上述结构性问题已经在丰富的治理实践中显露端倪，并受到学者的广泛关注。

一方面，通过政治权威运作确实可以打破科层制的常规治理，在短期内依靠执政党的内聚力、动员力与行动力实现超常的治理效能。然而，反复通过政治动员实现治理目标会在一定程度上抑制行政系统专业性与自主性的发展，削弱其常规治理的能力，使得治理绩效不可避免地面临难以为继的困境。换言之，随着公共议题的多样性、复杂性与不确定性加剧，试图将一切行政问题政治化是非长效且不可持续的。因为在有限注意力的约束下，对政治注意力进行合理、有效的选择性分配成为区分常规治理与非常规治理的关键，对制度特色的发展、治理绩效的实现至关重要。

另一方面，随着公共事务复杂性与精细性程度的提高，常规式治理不断扩展理性化空间，试图将政治问题行政化，并对治理场域进行重构。由此，在政治任务向行政体系嵌入的过程中，行政系统也在不断吸收和消解政治任务的"政治性"，将政治任务重塑为精细的目标责任制或绩效考核等形式，试图以此实现治理方式的常态化。这一过程也被众多学者称为运动式治理的常规化。[①] 然而，随着运动式治理任务不断被编织进常规科层制的运作之中，类似于目标责任制这样精细的治理工具逐渐出现了"去工具化"现象，即治理工具不再为治理目标服务，工具的使用本身成了目的，以致出现了"共谋"、"忙而不动"、"技术化数字填报"与"仪式化表演"等现

---

① 周雪光：《运动型治理机制：中国国家治理的制度逻辑再思考》，《开放时代》2012 年第 9 期；倪星、原超：《地方政府的运动式治理是如何走向"常规化"的？——基于 S 市市监局"清无"专项行动的分析》，《公共行政评论》2014 年第 2 期；张紧跟：《"局部空转"的表征及病灶》，《人民论坛》2019 年第 36 期。

象。这种目标替代会直接导致组织的既定目标落空，政治资源的"权威性"也会被日益耗散，治理面临失效危机。

治理效能是治理绩效与治理能力的有机结合。在这一背景下，如何一方面推动环境要素与资源要素的统筹融合以发挥中央和地方两个积极性，另一方面完善政治因素与行政因素的双向嵌入以发挥制度优势，成为提高国家治理能力的关键所在，更是以人民为中心这一发展思想的题中之义。

这要求我们在坚持党的领导、加强党的建设的同时，进一步全面深化行政体制改革，厘清央地的角色定位、避免政治与行政的功能超载。一方面维持政治在非常规状态下随时打破并融入行政系统的权威能力；另一方面在党的集中统一领导下，提高行政系统的专业化水平及常规治理能力，进而强化政治的权威性。从这一角度来看，坚持依规治党与依法治国的有机统一必要且迫切。

第四节　未来研究方向

首先，对于政策执行绩效研究而言，本书仅尝试性地构建了宏观的分析框架，未来还需深入实践层面对典型案例进行深度的过程追踪，同时结合定性比较分析结果，对各条件变量在不同类型政策执行中得以发挥作用的微观机制做出更为深入的研究与解释。

其次，本书在变量的测量上仍有改进的空间。如目前衡量部门"一把手"任职数量实际上是将个人的关系资本转化为部门的关系资本，未来还可以结合"一把手"的个人特征进行测量。

最后，本书试图在复杂的政策执行中捕捉可能的典型情况，但需要承认，任何一个研究框架都无法解释全部问题，本书所构建的解释性框架也只是在政策执行研究领域的一次尝试，未来还需要对分析框架的适用性进行进一步检验。一方面，基于目前研究框架开展对其他政策执行绩效影响机制的研究，提高研究的信度；另一方面，随着中国公共政策执行研究的不断深入、研究方法的发展、资料可获得性的提高，还应对可能影响政策执行绩效的其他维度进行挖掘与确认，不断发展与完善当前分析框架。

参考文献

一 专著与论文集

〔美〕保罗·A. 萨巴蒂尔编《政策过程理论》，彭宗超、钟开斌等译，生活·读书·新知三联书店，2004。

〔比〕伯努瓦·里豪克斯、〔美〕查尔斯·C. 拉金编著《QCA 设计原理与应用：超越定性与定量研究的新方法》，杜运周、李永发等译，机械工业出版社，2017。

陈振明主编《政策科学》，中国人民大学出版社，1998。

《邓小平文选》（第三卷），人民出版社，1993。

樊红敏：《县域政治：权力实践与日常秩序——河南省南河市的体验观察与阐释》，中国社会科学出版社，2008。

〔美〕弗兰克·费希尔：《公共政策评估》，吴爱明等译，中国人民大学出版社，2003。

〔美〕盖依·彼得斯：《美国的公共政策——承诺与执行》（第六版），顾丽梅等译，复旦大学出版社，2008。

〔美〕B. 盖伊·彼得斯：《政府未来的治理模式》，吴爱明、夏宏图译，中国人民大学出版社，2001。

〔德〕韩博天：《红天鹅：中国非常规决策过程》，石磊译，中信出版社，2019。

〔美〕赫伯特·西蒙：《管理行为：管理组织决策过程的研究》，杨砾等译，北京经济出版社，1988。

〔美〕杰伊·M. 沙夫里茨、E. W. 拉塞尔、克里斯托弗·P. 伯里克：《公共行政导论》（第五版），刘俊生等译，中国人民大学出版社，2011。

李少军：《国际关系学研究方法》，中国社会科学出版社，2008。

〔美〕理查德·J. 斯蒂尔曼二世编著《公共行政学：概念与案例》（第七版），竺乾威等译，中国人民大学出版社，2004。

马国贤、任晓辉编著《公共政策分析与评估》，复旦大学出版社，2012。

〔德〕马克斯·韦伯：《社会科学方法论》，韩水法、莫茜译，商务印书馆，2017。

〔德〕马克斯·韦伯：《韦伯作品集Ⅲ：支配社会学》，康乐、简惠美译，广西师范大学出版社，2004。

〔英〕迈克·希尔、〔荷〕波特·休普：《执行公共政策》，黄健荣等译，商务印书馆，2011。

〔美〕托马斯·戴伊：《理解公共政策》，彭勃等译，华夏出版社，2004。

汪劲：《中外环境影响评价制度比较研究——环境与开发决策的正当法律程序》，北京大学出版社，2006。

〔美〕威廉·N. 邓恩：《公共政策分析导论》（第四版），谢明、伏燕、朱雪宁译，中国人民大学出版社，2011。

〔美〕小罗杰·皮尔克：《诚实的代理人——科学在政策与政治中的意义》，李正风、缪航译，上海交通大学出版社，2010。

〔美〕小约瑟夫·斯图尔特、戴维·M. 赫奇、詹姆斯·P. 莱斯特：《公共政策导论》（第三版），韩红译，中国人民大学出版社，2011。

杨念群：《中层理论：东西方思想会通下的中国史研究》（增订本），北京师范大学出版集团，2016。

〔美〕詹姆斯·E. 安德森：《公共政策制定》（第五版），谢明等译，中国人民大学出版社，2009。

中国21世纪议程管理中心、中国科学院研究生院：《科学研究中的方法创新》，社会科学文献出版社，2011。

周黎安：《转型中的地方政府：官员激励与治理》，格致出版社、上海人民出版社，2008。

朱玉知：《环境政策执行研究：基于模糊—冲突模型的比较案例分析》，北京大学出版社，2019。

Charles C. Ragin, *Redesigning Social Inquiry: Fuzzy Sets and Beyond*

（Chicago: University of Chicago Press, 2008）.

Daniel A. Mazmanian and Paul A. Sabatier, *Implementation and Public Policy* （Glenview: Scott, Foresman, 1983）.

Daniel C. McCool, *Public Policy Theories, Models, and Concepts* （New Jersey: Prentice-Hall, Inc., 1995）.

David Byrne, *Interpreting Quantitative Data* （London: Sage, 2002）.

David M. Lampton, *Policy Implementation in Post-Mao China* （Berkeley: University of California Press, 1987）.

Dennis P. Palumbo and Donald J. Calista, *Implementation and the Policy Process: Opening Up the Black Box* （Westport: Greenwood Press, 1990）.

Doak A. Barnett, *Cadres Bureaucracy and Political Power in Communist China* （New York: Columbia University Press, 1967）.

Erwin C. Hargrove, *The Missing Link: The Study of the Implementation of Social Policy* （Washington: Urban Institute Press, 1975）.

George C. Edwards Ⅲ, *Implementing Public Policy* （Washington: Congressional Quarterly Press, 1980）.

Goktug Morcol and Linda F. Dennard, *New Sciences for Public Administration and Policy: Connections and Reflections* （Virginia: Chatelaine Press, 2000）.

Guy B. Peters and Jon Pierre, *Handbook of Public Administration* （London: Sage, 2003）.

Harry Harding, *Organizing China* （Stanford: Stanford University Press, 1981）.

Jae H. Chung, *Central Control and Local Discretion in China: Leadership and Implementation during Post-Mao Decollectivization* （Oxford: Oxford University Press, 2000）.

James Q. Wilson, *The Politics of Regulation* （New York: Basic Books, 1980）.

Jeffrey L. Pressman and Aaron B. Wildavsky, *Implementation: How Great Expectation in Washington Are Dashed in Oakland* （Berkeley: University of California Press, 1973）.

Kenneth G. Lieberthal and David M. Lampton, *Bureaucracy, Politics, and*

Decision Making in Post-Mao China （Berkeley：University of California Press，1992）.

Kenneth G. Lieberthal and Michel Oksenberg，*Policy Making in China：Leaders, Structures, and Process* （Princeton：Princeton University Press，1988）.

Malcolm L. Goggin，Ann O'Bowman，James P. Lester and Laurence J. O'Toole Jr.，*Implementation Theory and Practice：Toward a Third Generation* （Glenview，IL：Scott Foresman，1990）.

Mark H. Moore，*Creating Public Value：Strategic Management in Government* （Cambridge，Massachusetts：Harvard University Press，1995）.

Michael Lipsky，*Street-Level Bureaucracy：Dilemmas of the Individual in Public Services* （New York：Russell Sage，1980）.

Naomi B. Lynn and Aaron Wildavsky，*Public Administration：The State of the Discipline* （Chatham：Chatham House Publishers，1990）.

Randall B. Ripley and Grace A. Franklin，*Bureaucracy and Policy Implementation* （Chicago：The Dorsey Press，1982）.

Robert A. Scalapino，*Elites in the People's Republic of China* （Seattle：University of Washington Press，1962）.

Robert K. Merton，*Social Theory and Social Structure* （New York：Free Press，1968）.

Robert K. Yin，*Case Study Research：Design and Method* （California：Sage Publications，1994）.

Thomas A. Birkland，*An Introduction to the Policy Process：Theories, Concepts, and Models of Public Policy Making* （New York：M. E. Sharpe Inc.，2001）.

Wright C. Mills，*The Sociological Imagination* （Oxford：Oxford University Press，1959）.

二　期刊论文

包国宪、刘宁：《中国公立医院改革（2009-2017）：基于 PV-GPG 理论的定性政策评估》，《南京社会科学》2019 年第 2 期。

步丹璐、狄灵瑜：《官员交流与地方政府职能转变——以地区招商引资为例》，《财经研究》2018 年第 9 期。

蔡昉、都阳、王美艳：《经济发展方式转变与节能减排内在动力》，《经济研究》2008 年第 6 期。

曹艳春：《1998—2009 年我国 36 个城市"低保"标准变化及保障力度分析》，《现代经济探讨》2009 年第 12 期。

陈刚、李树：《官员交流、任期与反腐败》，《世界经济》2012 年第 2 期。

陈家建、边慧敏、邓湘树：《科层结构与政策执行》，《社会学研究》2013 年第 6 期。

陈丽君、傅衍：《我国公共政策执行逻辑研究述评》，《北京行政学院学报》2016 年第 5 期。

陈玲、林泽梁、薛澜：《双重激励下地方政府发展新兴产业的动机与策略研究》，《经济理论与经济管理》2010 年第 9 期。

陈玲、薛澜：《"执行软约束"是如何产生的——揭开中国核电谜局背后的政策博弈》，《国际经济评论》2011 年第 2 期。

陈诗一：《节能减排与中国工业的双赢发展：2009—2049》，《经济研究》2010 年第 3 期。

陈小华、卢志朋：《地方政府绩效评估模式比较研究：一个分析框架》，《经济社会体制比较》2019 年第 2 期。

陈晓运：《跨域治理何以可能：焦点事件、注意力分配与超常规执行》，《深圳大学学报》（人文社会科学版）2019 年第 3 期。

陈一萍：《基于密切值法的节能减排评价研究》，《生态环境学报》2010 年第 2 期。

陈宇、闫倩倩、王洛忠：《府际关系视角下区域环境政策执行偏差研究——基于博弈模型的分析》，《北京理工大学学报》（社会科学版）2019 年第 5 期。

储莎、陈来：《基于变异系数法的安徽省节能减排评价研究》，《中国人口·资源与环境》2011 年第 1 期。

崔超洋：《我国农业补贴政策执行偏差现状与完善对策》，《山西农经》2019 年第 9 期。

邓正来：《对知识分子"契合"关系的反思与批判——关于中国社会科

学自主性的再思考》，《天津社会科学》2004年第6期。

丁煌、定明捷：《"上有政策、下有对策"——案例分析与博弈启示》，《武汉大学学报》（哲学社会科学版）2004年第6期。

丁煌、定明捷：《国外政策执行理论前沿评述》，《公共行政评论》2010年第1期。

丁煌、李新阁：《干部考核作用下基层政府政策执行力的动力机制及其优化——以A省B市生态环保政策执行与考核为例》，《行政论坛》2019年第5期。

丁煌、汪霞：《"关系运作"对地方政府政策执行力的影响及思考》，《新视野》2012年第6期。

丁煌、杨代福：《政策网络、博弈与政策执行：以我国房价宏观调控政策为例》，《学海》2008年第6期。

丁煌：《关于政策执行的若干基本问题》，《湖北师范学院学报》（哲学社会科学版）1992年第2期。

丁煌：《我国现阶段政策执行阻滞及其防治对策的制度分析》，《政治学研究》2002年第1期。

定明捷：《中国政策执行研究的回顾与反思（1987—2013）》，《甘肃行政学院学报》2014年第1期。

杜辉、张美文、陈池波：《中国新农业补贴制度的困惑与出路：六年实践的理性反思》，《中国软科学》2010年第7期。

杜晓利：《富有生命力的文献研究法》，《上海教育科研》2013年第10期。

樊博、杨文婷：《基于PRS模型的大气污染防治政策评估研究——针对28个省的宏观数据》，《实证社会科学》2017年第1期。

冯贵霞：《"共识互动式"环保政策执行网络的形成——以环保约谈制为例》，《东岳论丛》2016年第4期。

冯海发：《农业补贴制度改革的思路和措施》，《农业经济问题》2015年第3期。

冯仕政：《中国国家运动的形成与变异：基于政体的整体性解释》，《开放时代》2011年第1期。

冯仕政：《转轨体制下的权力、关系与资源——关于"秘书腐败"的社会学分析》,《江苏社会科学》2003 年第 6 期。

葛大汇:《政策执行中的地方决策与变异——安徽农村义务教育经费现状调查之一》,《教育理论与实践》2006 年第 9 期。

龚虹波:《执行结构-政策执行-执行结果——一个分析中国公共政策执行的理论框架》,《社会科学》2008 年第 3 期。

巩瑞波:《综述与展望:理解"现代化中国方案"的四重维度》,《当代世界与社会主义》2019 年第 2 期。

顾建光:《政策能力与国家公共治理》,《公共管理学报》2010 年第 1 期。

郭磊、周岩:《目标群体、模糊-冲突与企业职工养老保险政策执行》,《中国公共政策评论》2016 年第 2 期。

韩克庆、郭瑜:《"福利依赖"是否存在?——中国城市低保制度的一个实证研究》,《社会学研究》2012 年第 2 期。

韩克庆、刘喜堂:《城市低保制度的研究现状、问题与对策》,《社会科学》2008 年第 11 期。

韩克庆:《中国社会救助制度的改革与发展》,《教学与研究》2015 年第 2 期。

何晖、邓大松:《中国农村最低生活保障制度运行绩效评价——基于中国 31 个省区的 AHP 法研究》,《江西社会科学》2010 年第 11 期。

何小钢、张耀辉:《技术进步、节能减排与发展方式转型——基于中国工业 36 个行业的实证考察》,《数量经济技术经济研究》2012 年第 3 期。

贺东航、孔繁斌:《中国公共政策执行中的政治势能——基于近 20 年农村林改政策的分析》,《中国社会科学》2019 年第 4 期。

衡霞:《地方机关事务管理职能法定化困境及成因研究》,《中国行政管理》2019 年第 3 期。

洪大用:《社会救助的目标与我国现阶段社会救助的评估》,《甘肃社会科学》2007 年第 4 期。

胡涤非、梁江禄、陈何南:《少数民族高考录取优惠政策评估——基于相关利益者评估模式的分析》,《学术论坛》2015 年第 7 期。

胡俊波:《农民工返乡创业扶持政策绩效评估体系:构建与应用》,《社会科学研究》2014 年第 5 期。

胡业飞、崔杨杨：《模糊政策的政策执行研究——以中国社会化养老政策为例》，《公共管理学报》2015 年第 2 期。

黄晨熹：《社会救助的概念、类型和体制：不同视角的比较》，《华东师范大学学报》（哲学社会科学版）2005 年第 3 期。

黄季焜、王晓兵、智华勇、黄珠容、Scott Rozelle：《粮食直补和农资综合补贴对农业生产的影响》，《农业技术经济》2011 年第 1 期。

黄振华、杨明：《农村土地确权政策的执行进展与绩效评估——基于全国 303 个村庄 7476 份问卷的分析》，《河南师范大学学报》（哲学社会科学版）2017 年第 1 期。

黄祖辉、徐旭初、蒋文华：《中国"三农"问题：分析框架、现实研判和解决思路》，《中国农村经济》2009 年第 7 期。

江凤娟：《教育政策执行中基层官员的决策困境——X 省 A 小学撤并过程的案例研究》，《教育学术月刊》2010 年第 11 期。

焦克源、吴俞权：《农村专项扶贫政策绩效评估体系构建与运行——以公共价值为基础的实证研究》，《农村经济》2014 年第 9 期。

蓝志勇：《中国公共行政学本土化研究的再思考——兼评两篇文章》，《公共管理学报》2017 年第 3 期。

雷玉琼、朱寅茸：《中国农村环境的自主治理路径研究——以湖南省浏阳市金塘村为例》，《学术论坛》2010 年第 8 期。

李孔珍、任虹：《县域基础教育政策执行：自主模式与竞争模式》，《首都师范大学学报》（社会科学版）2013 年第 3 期。

李瑞昌：《中国公共政策实施中的"政策空传"现象研究》，《公共行政评论》2012 年第 3 期。

李实、杨穗：《中国城市低保政策对收入分配和贫困的影响作用》，《中国人口科学》2009 年第 5 期。

李曙华：《当代科学的规范转换——从还原论到生成整体论》，《哲学研究》2006 年第 11 期。

李水金：《公共行政研究方法探讨》，《理论探索》2009 年第 2 期。

李文钊、毛寿龙：《中国政府改革：基本逻辑与发展趋势》，《管理世界》2010 年第 8 期。

李宜钊：《论政策执行研究的复杂性转向》，《海南大学学报》（人文社会科学版）2015 年第 4 期。

李迎生、肖一帆：《城市低保制度运行的现实困境与改革的路径选择》，《江海学刊》2007 年第 2 期。

李元、严强：《治理式执行：压力型体制视角下的地方政府政策执行——基于 A 县治理中小学大班额的分析》，《江海学刊》2016 年第 5 期。

李元珍：《央地关系视阈下的软政策执行——基于成都市 L 区土地增减挂钩试点政策的实践分析》，《公共管理学报》2013 年第 3 期。

练宏：《注意力分配——基于跨学科视角的理论述评》，《社会学研究》2015 年第 4 期。

练宏：《注意力竞争——基于参与观察与多案例的组织学分析》，《社会学研究》2016 年第 4 期。

梁雅莉、张开云：《我国农村最低生活保障制度实施效果评价——基于 31 个省域的宏观数据研究》，《西部学刊》2014 年第 2 期。

刘湖北、闵炜琪、陈靓：《"第一书记"社会资本与扶贫工作绩效的关系研究》，《江西社会科学》2019 年第 9 期。

刘骥、熊彩：《解释政策变通：运动式治理中的条块关系》，《公共行政评论》2015 年第 6 期。

刘克春：《粮食生产补贴政策对农户粮食种植决策行为的影响与作用机理分析——以江西省为例》，《中国农村经济》2010 年第 2 期。

刘克崮、张桂文：《中国"三农"问题的战略思考与对策研究》，《管理世界》2003 年第 5 期。

刘培伟：《地方"变通"：理解中国治理过程的关键词》，《浙江社会科学》2015 年第 7 期。

刘鹏、王中一：《政策能力：理论综述及其对中国公共政策研究的启示》，《公共管理与政策评论》2018 年第 2 期。

刘鹏：《中国公共行政学：反思背景下的本土化路径研究》，《中国人民大学学报》2013 年第 3 期。

刘圣中、王晨：《浮动的保障线：农村低保政策的变通执行》，《农村经济》2016 年第 9 期。

刘喜堂：《当前我国城市低保存在的突出问题及政策建议》，《社会保障研究》2009 年第 4 期。

刘喜堂：《建国 60 年来我国社会救助发展历程与制度变迁》，《华中师范大学学报》（人文社会科学版）2010 年第 4 期。

刘政文、唐啸：《官员排名赛与环境政策执行——基于环境约束性指标绩效的实证研究》，《技术经济》2017 年第 8 期。

娄成武、董鹏：《中国公共行政学本土化研究：现状与路径》，《公共管理学报》2017 年第 3 期。

麻宝斌：《中国公共行政改革面临的十重困境》，《吉林大学社会科学学报》2005 年第 1 期。

马骏、刘亚平：《中国公共行政学的"身份危机"》，《中国人民大学学报》2007 年第 4 期。

马骏：《中国公共行政学研究的反思：面对问题的勇气》，《中山大学学报》（社会科学版）2006 年第 3 期。

马文杰、冯中朝：《国外粮食直接补贴政策及启示》，《经济纵横》2007 年第 11 期。

倪星、原超：《地方政府的运动式治理是如何走向"常规化"的？——基于 S 市市监局"清无"专项行动的分析》，《公共行政评论》2014 年第 2 期。

庞明礼：《领导高度重视：一种科层运作的注意力分配方式》，《中国行政管理》2019 年第 4 期。

彭炎辉：《耕地地力保护补贴政策的效果评价及改进建议》，《中州学刊》2017 年第 12 期。

钱先航、曹廷求：《钱随官走：地方官员与地区间的资金流动》，《经济研究》2017 年第 2 期。

钱再见、金太军：《公共政策执行主体与公共政策执行"中梗阻"现象》，《中国行政管理》2002 年第 2 期。

渠敬东、周飞舟、应星：《从总体支配到技术治理——基于中国 30 年改革经验的社会学分析》，《中国社会科学》2009 年第 6 期。

冉冉：《中国环境政治中的政策框架特征与执行偏差》，《教学与研究》2014 年第 5 期。

饶清华、邱宇、许丽忠、张江山、蔡如钰、赵扬：《基于多目标决策的节能减排绩效评估》，《环境科学学报》2013 年第 2 期。

任丙强：《地方政府环境政策执行的激励机制研究：基于中央与地方关系的视角》，《中国行政管理》2018年第6期。

任锋、朱旭峰：《转型期中国公共意识形态政策的议程设置——以高校思政教育十六号文件为例》，《开放时代》2010年第6期。

荣敬本：《"压力型体制"研究的回顾》，《经济社会体制比较》2013年第6期。

邵梓捷、杨良伟：《"钟摆式回应"：回应性不足的一种解释——基于S市地方领导留言板的实证研究》，《经济社会体制比较》2020年第1期。

宋雅琴、王有强、张楠：《政府绩效视角下的行政管理体制改革战略反思——基于地方政府公务员的感知调查》，《公共管理学报》2012年第4期。

孙立平：《"关系"、社会关系与社会结构》，《社会学研究》1996年第5期。

孙立平：《社会转型：发展社会学的新议题》，《开放时代》2008年第2期。

汤火箭、刘为民：《地方政府对财政政策的执行策略：一个分析框架》，《中国行政管理》2012年第10期。

唐啸、陈维维：《动机、激励与信息——中国环境政策执行的理论框架与类型学分析》，《国家行政学院学报》2017年第1期。

唐啸、胡鞍钢、杭承政：《二元激励路径下中国环境政策执行——基于扎根理论的研究发现》，《清华大学学报》（哲学社会科学版）2016年第3期。

田先红、罗兴佐：《官僚组织间关系与政策的象征性执行——以重大决策社会稳定风险评估制度为讨论中心》，《江苏行政学院学报》2016年第5期。

王班班、齐绍洲：《市场型和命令型政策工具的节能减排技术创新效应——基于中国工业行业专利数据的实证》，《中国工业经济》2016年第6期。

王春福：《政府执行力与政策网络的运行机制》，《政治学研究》2008年第3期。

王佃利、唐菁阳：《约束性程度、损失嵌入性与社区政策执行模式》，《深圳大学学报》（人文社会科学版）2019年第6期。

王红梅：《中国环境规制政策工具的比较与选择——基于贝叶斯模型平均（BMA）方法的实证研究》，《中国人口·资源与环境》2016 年第 9 期。

王家峰：《作为设计的政策执行——执行风格理论》，《中国行政管理》2009 年第 5 期。

王莉、周密：《农业支持保护补贴政策效应研究——基于农户策略选择的博弈经济分析》，《财经理论与实践》2017 年第 3 期。

王蒙：《扶贫开发与农村低保衔接的政策执行偏差及其矫正——基于复杂政策执行的"模糊—冲突"分析框架》，《中国农业大学学报》（社会科学版）2018 年第 5 期。

王浦劬、梁宇、李天龙：《十八大以来我国省级机关事务管理体制改革的发展及其思考》，《中国行政管理》2018 年第 3 期。

王浦劬、汤彬：《当代中国治理的党政结构与功能机制分析》，《中国社会科学》2019 年第 9 期。

王绍光：《中国政治学三十年：从取经到本土化》，《中国社会科学》2010 年第 6 期。

王亚华：《中国用水户协会改革：政策执行视角的审视》，《管理世界》2013 年第 6 期。

魏楚、杜立民、沈满洪：《中国能否实现节能减排目标：基于 DEA 方法的评价与模拟》，《世界经济》2010 年第 3 期。

魏姝：《府际关系视角下的政策执行——对 N 市农业补贴政策执行的实证研究》，《南京农业大学学报》（社会科学版）2012 年第 3 期。

魏姝：《政策类型与政策执行：基于多案例比较的实证研究》，《南京社会科学》2012 年第 5 期。

魏姝：《治理视角下的社区矫正政策——以 N 市社区矫正政策为例》，《江苏行政学院学报》2008 年第 1 期。

温铁军、计晗、张俊娜：《中央风险与地方竞争》，《国家行政学院学报》2015 年第 4 期。

温铁军、邱建生、车海生：《改革开放 40 年"三农"问题的演进与乡村振兴战略的提出》，《理论探讨》2018 年第 5 期。

温铁军：《"三农问题"的世纪反思》，《经济研究参考》2000 年第 1 期。

文雯：《城市低保与家庭减贫——基于 CHIPS 数据的实证分析》，《人口与经济》2015 年第 2 期。

翁士洪：《农村土地流转政策的执行偏差——对小岗村的实证分析》，《公共管理学报》2012 年第 1 期。

吴海涛、丁士军、李韵：《农村税费改革的效果及影响机制——基于农户面板数据的研究》，《世界经济文汇》2013 年第 1 期。

吴建祖、王蓉娟：《环保约谈提高地方政府环境治理效率了吗？——基于双重差分方法的实证分析》，《公共管理学报》2019 年第 1 期。

吴进进：《城市生活垃圾分类政策执行——基于"模糊—冲突"模型的研究》，《吉林广播电视大学学报》2012 年第 5 期。

吴肃然、陈欣琦：《中层理论：回顾与反思》，《社会学评论》2015 年第 4 期。

吴韵曦：《广东顺德大部制改革背景下构建分权制衡机制的实践》，《领导科学》2011 年第 18 期。

谢俊贵：《关于社会现象定量研究的简要评析》，《湖南师范大学社会科学学报》2000 年第 4 期。

谢勇才、丁建定：《从生存型救助到发展型救助：我国社会救助制度的发展困境与完善路径》，《中国软科学》2015 年第 11 期。

辛翔飞、张怡、王济民：《我国粮食补贴政策实施状况、问题和对策》，《农业经济》2016 年第 9 期。

徐翠萍、史清华、Holly Wang：《税费改革对农户收入增长的影响：实证与解释——以长三角 15 村跟踪观察农户为例》，《中国农村经济》2009 年第 2 期。

徐刚、杨雪非：《区（县）政府权责清单制度象征性执行的悖向逻辑分析：以 A 市 Y 区为例》，《公共行政评论》2017 年第 4 期。

徐岩、范娜娜、陈那波：《合法性承载：对运动式治理及其转变的新解释——以 A 市 18 年创卫历程为例》，《公共行政评论》2015 年第 2 期。

薛澜、陈玲：《中国公共政策过程的研究：西方学者的视角及其启示》，《中国行政管理》2005 年第 7 期。

薛澜、赵静：《转型期公共政策过程的适应性改革及局限》，《中国社会科学》2017 年第 9 期。

薛澜、朱旭峰：《中国思想库的社会职能——以政策过程为中心的改革之路》，《管理世界》2009 年第 4 期。

荀丽丽、包智明：《政府动员型环境政策及其地方实践——关于内蒙古 S 旗生态移民的社会学分析》，《中国社会科学》2007 年第 5 期。

严文高、李鹏：《农村税费改革视角下的中部地区农民收入增长趋势分析——基于 Mann-Kendall 非参数检验模型》，《华中农业大学学报》（社会科学版）2013 年第 4 期。

颜昌武：《行政学的本土化：基于中美路径的比较分析》，《政治学研究》2019 年第 1 期。

杨宏山：《政策执行的路径—激励分析框架：以住房保障政策为例》，《政治学研究》2014 年第 1 期。

杨立华、何元增：《专家学者参与公共治理的行为模式分析：一个环境领域的多案例比较》，《江苏行政学院学报》2014 年第 3 期。

杨立华：《中国公共管理学的危机与出路：恢复重建三十年后的反思》，《行政论坛》2019 年第 5 期。

杨雪冬：《压力型体制：一个概念的简明史》，《社会科学》2012 年第 11 期。

杨志军：《运动式治理悖论：常态治理的非常规化——基于网络"扫黄打非"运动分析》，《公共行政评论》2015 年第 2 期。

姚建平：《中国社会救助绩效评价指标体系构建研究——以城市居民最低生活保障制度为例》，《中国公共政策评论》2017 年第 1 期。

姚荣：《府际关系视角下我国基层政府环境政策的执行异化——基于江苏省 S 镇的实证研究》，《经济体制改革》2013 年第 4 期。

姚松：《异地高考政策运行特征、前景及出路：政策网络理论的视角》，《江苏高教》2013 年第 4 期。

殷华方、潘镇、鲁明泓：《中央—地方政府关系和政策执行力：以外资产业政策为例》，《管理世界》2007 年第 7 期。

印子：《农村低保政策"走样"及其整体性治理》，《西北农林科技大学学报》（社会科学版）2019 年第 2 期。

应星：《质性研究的方法论再反思》，《广西民族大学学报》（哲学社会科学版）2016 年第 4 期。

于鹏飞、李悦、高义学、郗敏、孔范龙：《基于 DEA 模型的国内各地区节能减排效率研究》，《中国人口·资源与环境》2010 年第 1 期。

余少祥：《关于机关事务管理体制改革的若干思考》，《中国行政管理》2019 年第 3 期。

余学林：《数据包络分析（DEA）的理论、方法与应用》，《科学学与科学技术管理》1992 年第 9 期。

余泳泽：《我国节能减排潜力、治理效率与实施路径研究》，《中国工业经济》2011 年第 5 期。

俞奉庆、蔡运龙：《耕地资源价值重建与农业补贴——一种解决"三农"问题的政策取向》，《中国土地科学》2004 年第 1 期。

俞可平：《全球治理引论》，《马克思主义与现实》2002 年第 1 期。

原超：《"领导小组机制"：科层治理运动化的实践渠道》，《甘肃行政学院学报》2017 年第 5 期。

袁方成、康红军：《"张弛之间"：地方落户政策因何失效？——基于"模糊-冲突"模型的理解》，《中国行政管理》2018 年第 1 期。

袁凯华、李后建：《官员特征、激励错配与政府规制行为扭曲——来自中国城市拉闸限电的实证分析》，《公共行政评论》2015 年第 6 期。

岳经纶、胡项连：《低保政策执行中的"标提量减"：基于反腐败力度视角的解释》，《中国行政管理》2018 年第 8 期。

曾婧婧、龚启慧、王庆：《中国高新技术企业认定政策绩效评估——基于双重差分模型的实证分析》，《科技进步与对策》2019 年第 9 期。

张桂琳：《当代中国公共行政学研究的本土化问题》，《新视野》2013 年第 3 期。

张国兴、高秀林、汪应洛、郭菊娥、汪寿阳：《中国节能减排政策的测量、协同与演变——基于 1978—2013 年政策数据的研究》，《中国人口·资源与环境》2014 年第 12 期。

张华、仝志辉、刘俊卿：《"选择性回应"：网络条件下的政策参与——基于留言版型网络问政的个案研究》，《公共行政评论》2013 年第 3 期。

张继平、王恒、赵玲：《我国涉海工程环评审批政策执行偏差：象征性执行研究》，《中国行政管理》2018 年第 3 期。

张杰、陈志远、杨连星、新夫：《中国创新补贴政策的绩效评估：理论与证据》，《经济研究》2015 年第 10 期。

张紧跟：《"局部空转"的表征及病灶》，《人民论坛》2019 年第 36 期。

张军、高远：《官员任期、异地交流与经济增长——来自省级经验的证据》，《经济研究》2007 年第 11 期。

张康之：《公共政策过程中科学与价值的统合》，《江苏社会科学》2001 年第 6 期。

张楠、卢洪友：《官员垂直交流与环境治理——来自中国 109 个城市市委书记（市长）的经验证据》，《公共管理学报》2016 年第 1 期。

张乾友：《朝向实验主义的治理——社会治理演进的公共行政意蕴》，《中国行政管理》2016 年第 8 期。

张天佐、郭永田、杨洁梅：《基于价格支持和补贴导向的农业支持保护制度改革回顾与展望》，《农业经济问题》2018 年第 11 期。

张照新、陈金强：《我国粮食补贴政策的框架、问题及政策建议》，《农业经济问题》2007 年第 7 期。

张卓元：《以节能减排为着力点推动经济增长方式转变》，《经济纵横》2007 年第 15 期。

章高荣：《高风险弱激励型政策创新扩散机制研究——以省级政府社会组织双重管理体制改革为例》，《公共管理学报》2017 年第 4 期。

章文光、宋斌斌：《从国家创新型城市试点看中国实验主义治理》，《中国行政管理》2018 年第 12 期。

赵鼎新：《时间、时间性与智慧：历史社会学的真谛》，《社会学评论》2019 年第 1 期。

赵慧：《中国社会政策创新及扩散：以养老保险政策为例》，《国家行政学院学报》2013 年第 6 期。

赵新宇、尚玉钒、张庚淼、许夏陆：《组织中弱势部门权力提升过程研究》，《西安交通大学学报》（社会科学版）2015 年第 6 期。

郑功成：《全面理解党的十九大报告与中国特色社会保障体系建设》，《国家行政学院学报》2017 年第 6 期。

中国行政管理学会课题组：《政府公共政策绩效评估研究》，《中国行政管理》2013 年第 3 期。

周功满、陈国权：《"专委会制度"：富阳创新部门间协调配合机制》，

《中国行政管理》2009 年第 11 期。

周国雄：《地方政府政策执行主观偏差行为的博弈分析》，《社会科学》2007 年第 8 期。

周静、曾福生：《农业支持保护补贴的政策认知及其对满意度的影响研究——基于湖南省 419 个稻作大户的调查》，《农村经济》2019 年第 4 期。

周黎安、陈烨：《中国农村税费改革的政策效果：基于双重差分模型的估计》，《经济研究》2005 年第 8 期。

周黎安：《行政发包制》，《社会》2014 年第 6 期。

周雪光、艾云、葛建华、顾慧君、李丁、李兰、卢清莲、赵伟、朱灵：《党政关系：一个人事制度视角与经验证据》，《社会》2020 年第 2 期。

周应恒、赵文、张晓敏：《近期中国主要农业国内支持政策评估》，《农业经济问题》2009 年第 5 期。

周志忍、蒋敏娟：《中国政府跨部门协同机制探析——一个叙事与诊断框架》，《公共行政评论》2013 年第 1 期。

周志忍、徐艳晴：《基于变革管理视角对三十年来机构改革的审视》，《中国社会科学》2014 年第 7 期。

周志忍：《迈向国际化和本土化的有机统一：中国行政学发展 30 年的回顾与前瞻》，《公共行政评论》2012 年第 1 期。

周志忍：《美国"三公经费"管理对机关事务标准化建设的启示》，《中国行政管理》2018 年第 12 期。

周志忍：《深化行政改革需要深入思考的三个问题》，《中国行政管理》2010 年第 1 期。

周志忍：《政府绩效管理研究：问题、责任与方向》，《中国行政管理》2006 年第 12 期。

朱福守、蒋和平：《我国农业"四项补贴"政策回顾与建议》，《中国农业科技导报》2016 年第 5 期。

朱光磊、张志红：《"职责同构"批判》，《北京大学学报》（哲学社会科学版）2005 年第 1 期。

朱旭峰、赵慧：《政府间关系视角下的社会政策扩散——以城市低保制度为例（1993—1999）》，《中国社会科学》2016 年第 8 期。

朱旭峰：《中国社会政策变迁中的专家参与模式研究》，《社会学研究》

2011 年第 2 期。

朱亚鹏、刘云香：《制度环境、自由裁量权与中国社会政策执行——以 C 市城市低保政策执行为例》，《中山大学学报》（社会科学版）2014 年第 6 期。

朱亚鹏、肖棣文：《政策企业家与社会政策创新》，《社会学研究》2014 年第 3 期。

朱玉知：《内嵌于社会关系网络中的政策执行——对"政策执行悖论"的一种理论阐释》，《学习与探索》2012 年第 8 期。

竺乾威：《地方政府的政策执行行为分析：以"拉闸限电"为例》，《西安交通大学学报》（社会科学版）2012 年第 2 期。

庄垂生：《政策变通的理论：概念、问题与分析框架》，《理论探讨》2000 年第 6 期。

Andrew Grantham, "How Networks Explain Unintended Policy Implementation Outcomes: The Case of UK Rail Privatization", *Public Administration* 79, No. 4 (2001).

Andrew J. Nathan, "Factionalism Model for CCP Politics", *The China Quarterly* 35 (1973).

Barry Bozeman, "Public-Value Failure: When Efficient Markets May Not Do", *Public Administration Review* 2 (2002).

Benoit Rihoux, "Bridging the Gap between the Qualitative and Quantitative Worlds? A Retrospective and Prospective View on Qualitative Comparative Analysis", *Field Methods* 15, No. 4 (2003).

Ci Q. Mei and Margaret M. Pearson, "Killing a Chicken to Scare the Monkeys? Deterrence Failure and Local Defiance in China", *China Journal* 72 (2014).

Donald C. Menzel, "An Interorganizational Approach to Policy Implementation", *Public Administration Quarterly* 11, No. 1 (1987).

Donald S. Van Meter and Carl E. Van Horn, "The Policy Implementation Process: A Conceptual Framework", *Administration & Society* 6, No. 4 (1975).

Dwight Waldo, "Development of Theory of Democratic Administration", *American Political Science Review* 46, No. 1 (1952).

Eva Thomann, "Is Output Performance All about the Resources? A Fuzzy-Set Qualitative Comparative Analysis of Street-Level Bureaucrats in Switzerland", *Public Administration* 93, No. 1 (2015).

Evelyn Z. Brodkin, "Policy Work: Street-Level Organizations under New Managerialism", *Journal of Public Administration Research & Theory* 21, No. suppl 2 (2011).

Frank Pieke, "Bureaucracy, Friends, and Money: The Growth of Capital Socialism in China", *Comparative Studies in Society and History* 37, No. 3 (1995).

George D. Greenberg, Miller A. Jeffrey, Mohr B. Lawrence and Vladeck C. Bruce, "Developing Public Policy Theory: Perspectives from Empirical Research", *American Political Science Review* 71, No. 4 (1977).

Gui Z. He, Yu L. Lu, Arhur P. Mol and Theo Bechers, "Changes and Challenges: China's Environmental Management in Transition", *Environmental Development* 3, No. 1 (2012).

Hugh D. Whittaker, Timothy J. Sturgeon and Toshie Okita, "Compressed Development: An Introduction", *Studies in Comparative International Development* 45, No. 4 (2010).

James P. Lester and Malcolm L. Goggin, "Back to the Future: The Rediscovery of Implementation Studies", *Policy Currents* 8, No. 3 (1998).

Jia H. Yuan, Jun J. Kang and Cong Yu, "Energy Conservation and Emissions Reduction in China: Progress and Prospective", *Renewable and Sustainable Energy Reviews* 15, No. 9 (2011).

Laurence J. O' Toole Jr., "Policy Recommendations for Multi-Actor Implementation: An Assessment of the Field", *Journal of Public Policy* 6, No. 2 (1986).

Laurence J. O' Toole Jr., "Research on Policy Implementation: Assessment and Prospects", *Journal of Public Administration Research and Theory* 10, No. 2 (2000).

Kenneth J. Meier, "Are We Sure Lasswell Did It This Way? Lester, Goggin and Implementation Research", *Policy Currents* 9, No. 1 (1999).

Kevin J. O' Brien and Lian J. Li, "Selective Policy Implementation in Rural China", *Comparative Politics* 31, No. 2 (1999).

Lars Tummers, Brenda Vermeeren, Bram Steijn and Victor Bekkers, "Public Professionals and Policy Implementation: Conceptualizing and Measuring Three Types of Role Conflicts", *Public Management Review* 14, No. 8 (2012).

Lee Sechrest and Souraya Sidani, "Quantitative and Qualitative Method: Is There an Alternative?", *Evaluation and Program Planning* 18 (1995).

Liton C. Freeman, "Centrality in Social Networks Conceptual Clarification", *Social Networks* 1, No. 3 (1979).

Lucian W. Pye, "Factions and the Politics of Guanxi: Paradoxes in Chinese Administrative and Political Behaviour", *The China Journal* 34 (1995).

Malcolm L. Goggin, "The 'Too Few Cases/Too Many Variables' Problem in Implementation Research", *The Western Political Quarterly* 39, No. 2 (1986).

Maria Edin, "State Capacity and Local Agent Control in China: CCP Cadre Management from a Township Perspective", *The China Quarterly* 173 (2003).

Max Boisot and John Child, "From Fiefs to Clans and Network Capitalism: Explaining China's Emerging Economic Order", *Administrative Science Quarterly* 41, No. 4 (1996).

Michelle Girvan and Mark E. J. Newman, "Community Structure in Social and Biological Networks", *Proceedings of the National Academy of Sciences* 99, No. 12 (2002).

Milbrey McLaughlin, "Learning from Experience: Lessons from Policy Implementation", *Educational Evaluation and Policy Analysis* 9, No. 2 (1987).

Nan Lin, "Social Networks and Status Attainment", *Annual Review of Sociology* 25 (1999).

Norman Nicholson, "Policy Choices and the Uses of State Power: The Work of Theodore J. Lowi", *Policy Sciences* 35, No. 2 (2002).

Patricia W. Ingraham and Guy B. Peters, "The Conundrum of Reform: A Comparative Analysis", *Review of Public Personnel Administration* 8, No. 3 (1988).

Peer C. Fiss, "Building Better Causal Theories: A Fuzzy Set Approach to

Typologies in Organization Research", *Academy of Management Journal* 54, No. 2 (2011).

Peter Hupe and Aurelien Buffat, "A Public Service Gap: Capturing Contexts in a Comparative Approach of Street-Level Bureaucracy", *Public Management Review* 16, No. 4 (2014).

Peter Hupe and Michael Hill, "Street-Level Bureaucracy and Public Accountability", *Public Administration* 85, No. 2 (2007).

Bill K. P. Chou, "Civil Service Reform in China, 1993 – 2001: A Case of Implementation Failure", *China: An International Journal* 2, No. 2 (2004).

Ran Ran, "Perverse Incentive Structure and Policy Implementation Gap in China's Local Environmental Politics", *Journal of Environmental Policy and Planning* 15, No. 1 (2013).

Ray Pawson, "Middle-Range Realism", *European Journal of Sociology* 41, No. 2 (2000).

Richard E. Matland, "Synthesizing the Implementation Literature: The Ambiguity-Conflict Model of Policy Implementation", *Journal of Public Administration Research and Theory* 5, No. 2 (1995).

Richard F. Elmore, "Organization Models of Social Program Implementation", *Public Policy* 26, No. 2 (1978).

Robert J. Spitzer, "Promoting Policy Theory: Revising the Arenas of Power", *Policy Studies Journal* 15, No. 4 (1987).

Rolf Fare, Shawna Grosskopf, Mary Norris and Yang Z. Zhang, "Productivity Growth, Technical Progress, and Efficiency Change in Industrialized Countries", *American Economic Review* 84, No. 5 (1994).

Sean Nicholson-Crotty, "The Politics of Diffusion: Public Policy in the American States", *The Journal of Politics* 71, No. 1 (2009).

Sebastian Heilmann, Lea Shih and Andreas Hofem, "National Planning and Local Technology Zones: Experimental Governance in China's Torch Programme", *The China Quarterly* 216 (2013).

Sebastian Heilmann, "Policy Experimentation in China's Economic Rise", *Studies in Comparative International Development* 43, No. 1 (2008).

Tang Tsou, "Prolegomenon to the Study of Informal Groups in CCP Politics", *The China Quarterly* 65 (1976).

Thad E. Hall and Laurence J. O'Toole Jr., "Structures for Policy Implementation: An Analysis of National Legislation 1965 – 1966 and 1993 – 1994", *Administration & Society* 31, No. 6 (2000).

Theodore J. Lowi, "American Business, Public Policy, Case Studies, and Political Theory", *World Politics* 16, No. 4 (1964).

Theodore J. Lowi, "Four Systems of Policy, Politics and Choice", *Public Administration Review* 32, No. 4 (1972).

Thomas B. Smith, "The Policy Implementation Process", *Policy Sciences* 4, No. 2 (1973).

Wu S. Yu and Grinsted H. Jensen, "China's Agricultural Policy Transition: Impacts of Recent Reforms and Future Scenarios", *Journal of Agricultural Economics* 61, No. 2 (2010).

Xiao Tang, Zheng W. Liu and Hong T. Yi, "Mandatory Targets and Environmental Performance: An Analysis Based on Regression Discontinuity Design", *Sustainability* 8, No. 9 (2016).

Xue G. Zhou, "The Institutional Logic of Collusion Among Local Governments in China", *Modern China* 36, No. 1 (2010).

Yang Su and Shi Z. Feng, "Adapt or Voice: Class, Guanxi, and Protest Propensity in China", *The Journal of Asian Studies* 72, No. 1 (2013).

Yu R. Zhang and Yuan F. Wang, "Barriers' and Policies' Analysis of China's Building Energy Efficiency", *Energy Policy* 62 (2010).

Zhao G. Zhang, Xiao C. Jin and Qing X. Yang, "An Empirical Study on the Institutional Factors of Energy Conservation and Emissions Reduction: Evidence from Listed Companies in China", *Energy Policy* 57 (2013).

后　记

2016 年秋，我有幸进入北京大学政府管理学院行政管理学系。四年后，在仓促中完成了博士学位论文。无论是在读博期间，还是在博士毕业后的这几年里，我一直存在"本领恐慌"。虽有心弥补，但力有不逮，只能以博士学位论文为基础捧出这样一本浅陋的小书，想来不免有些惭愧。尽管如此，这本小书仍见证了我一个阶段的成长。求学多年，我得到师友与家人太多的支持与偏爱，借小书付梓之际向他们郑重致谢。

感谢导师句华教授。小书是在句老师悉心指导下完成的，从选题到结构安排、从内容到文字都凝聚了老师的心血。我本科和硕士阶段学的是外交学和发展中国家社会政策，多学科背景虽可看作优势，但也确实拉长了我在公共管理学科里"找到状态"的时间。幸运的是，读博期间句老师为我创造了自由的科研和学习环境，提供了众多宝贵的学习机会。在我感到迷茫时为我指明方向，在我沮丧时激励我前行。现在想来，那时每天在老师办公室旁边自习室里安心读书的时光，真是幸福到奢侈。毕业以后，在我成长的每一步，背后都有老师坚实的支持。句老师也以她独特的人格魅力、渊博的知识、敏锐的洞察力、严谨的治学态度为我树立了榜样。特此向亦师亦友的句华老师表达学生由衷的尊敬与感激。

感谢中共中央党校（国家行政学院）及公共管理教研部的所有领导和老师。作为一名走出"北大门"，迈入"党校门"的"两门教师"，中共中央党校（国家行政学院）提供的大平台和老师们的精心培养与全力支持不仅帮助我转变身份、进入角色，更是我前进的强大动力。感谢北京大学政府管理学院所有老师。首先特别感谢周志忍老师从读博至今给予我的指导与帮助。正因为有周老师在每个关键节点的谆谆教诲与无私关照，这些年我虽感艰难，却不曾无助。其次感谢在博士学位论文选题、写作、修改过程中给予我指导，并提出颇具启发性意见的各位老师。那些意见不仅对我博士学位论文写作有所助益，更对我思考习惯的养成具有重要意义。

感谢父母。自出生以来，你们就将重心、信心、耐心和偏爱都给予了我，能成为你们的女儿，我一定受到了无尽的眷顾。爸爸用最深沉的爱撑起我所有的希望和梦想，妈妈坚定地陪我走过成长路上的每一步。你们是我最亲密的朋友，更是我前行路上最坚实的依靠。"父母之爱子，则为之计深远。"你们从不替我做出选择，却在日复一日、年复一年的爱与陪伴中，赋予我选择和思考的能力，并给予我最充分的支持和信任。

感谢所有的亲人、朋友，以及出现在我生命中的每个你。是你们塑造了今天这样一个立体的我，也是你们让我在所有的颠沛流离中都显得并不孤单。

小书的出版离不开社会科学文献出版社曹义恒老师和吕霞云老师精湛的工作。他们细致而专业的编辑使这本小书避免了很多错讹。此外，本书的部分内容是中共中央党校（国家行政学院）课题"城市管理体制机制研究"的成果，本书出版得到该课题经费支持，在此深表感谢。

最后，感谢那个一直努力的自己。希望你永远怀揣对学术的敬畏之心，保持独立的思辨能力与批判精神，站在你所热爱的世界里，闪闪发光。愿你独立善良、明媚清朗；愿你无惧时光，成长为自己想要的模样；愿你食尽烟火，容颜不变；愿你尝尽冷暖，心不凉；愿你身处泥淖，依然故我；愿你历尽千帆，心少年。

2023 年 6 月

于中共中央党校（国家行政学院）

图书在版编目（CIP）数据

中国公共政策执行机制研究／王艺潼著. -- 北京：
社会科学文献出版社，2023.8
ISBN 978-7-5228-2152-8

Ⅰ.①中…　Ⅱ.①王…　Ⅲ.①公共政策-研究-中国
Ⅳ.①D601

中国国家版本馆 CIP 数据核字（2023）第 134106 号

中国公共政策执行机制研究

著　　者／王艺潼

出 版 人／冀祥德
组稿编辑／曹义恒
责任编辑／吕霞云
文稿编辑／王红平
责任印制／王京美

出　　版／社会科学文献出版社·政法传媒分社（010）59367126
　　　　　地址：北京市北三环中路甲29号院华龙大厦　邮编：100029
　　　　　网址：www.ssap.com.cn
发　　行／社会科学文献出版社（010）59367028
印　　装／三河市龙林印务有限公司

规　　格／开　本：787mm×1092mm　1/16
　　　　　印　张：13.25　字　数：218千字
版　　次／2023年8月第1版　2023年8月第1次印刷
书　　号／ISBN 978-7-5228-2152-8
定　　价／89.00元

读者服务电话：4008918866